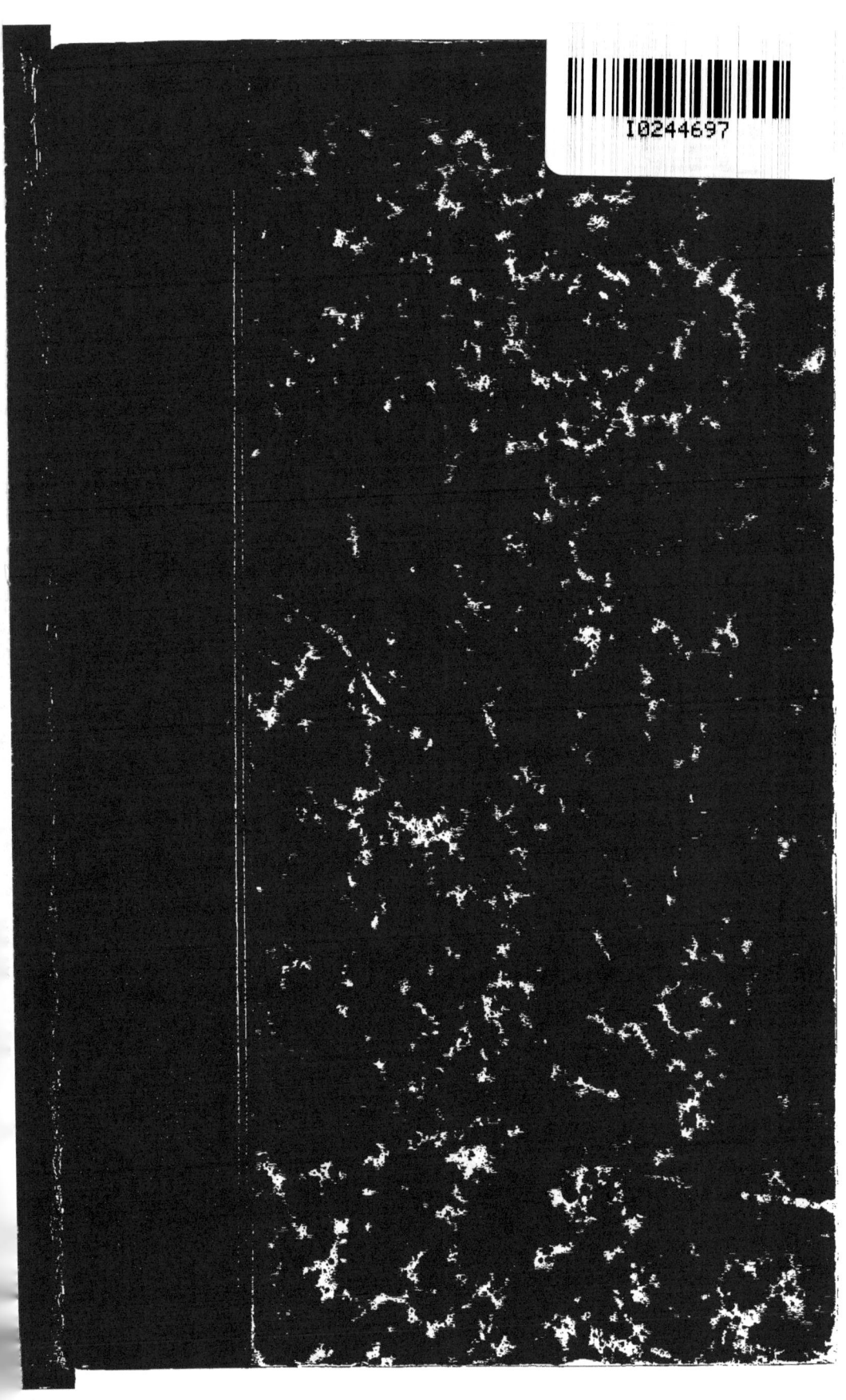

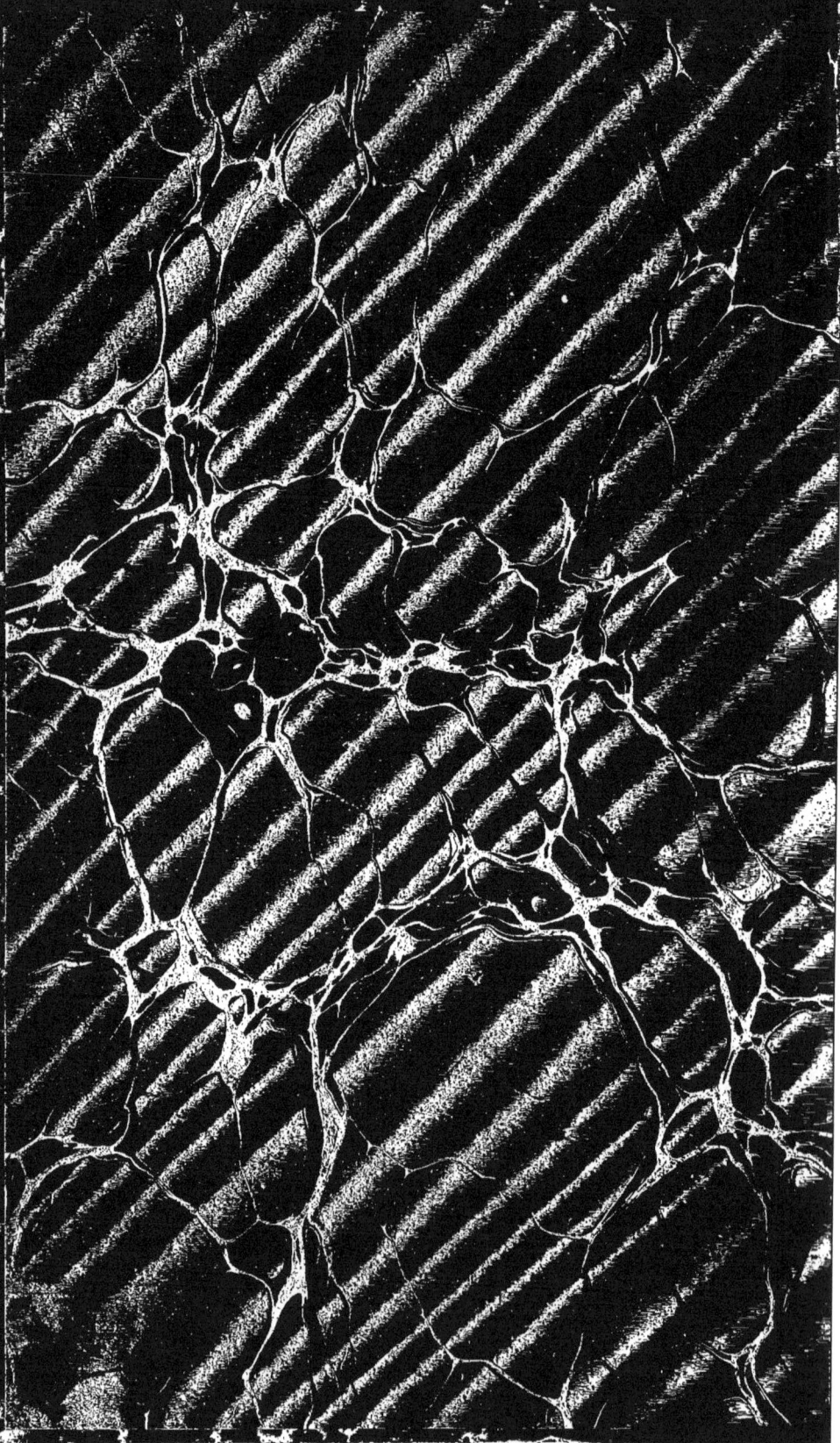

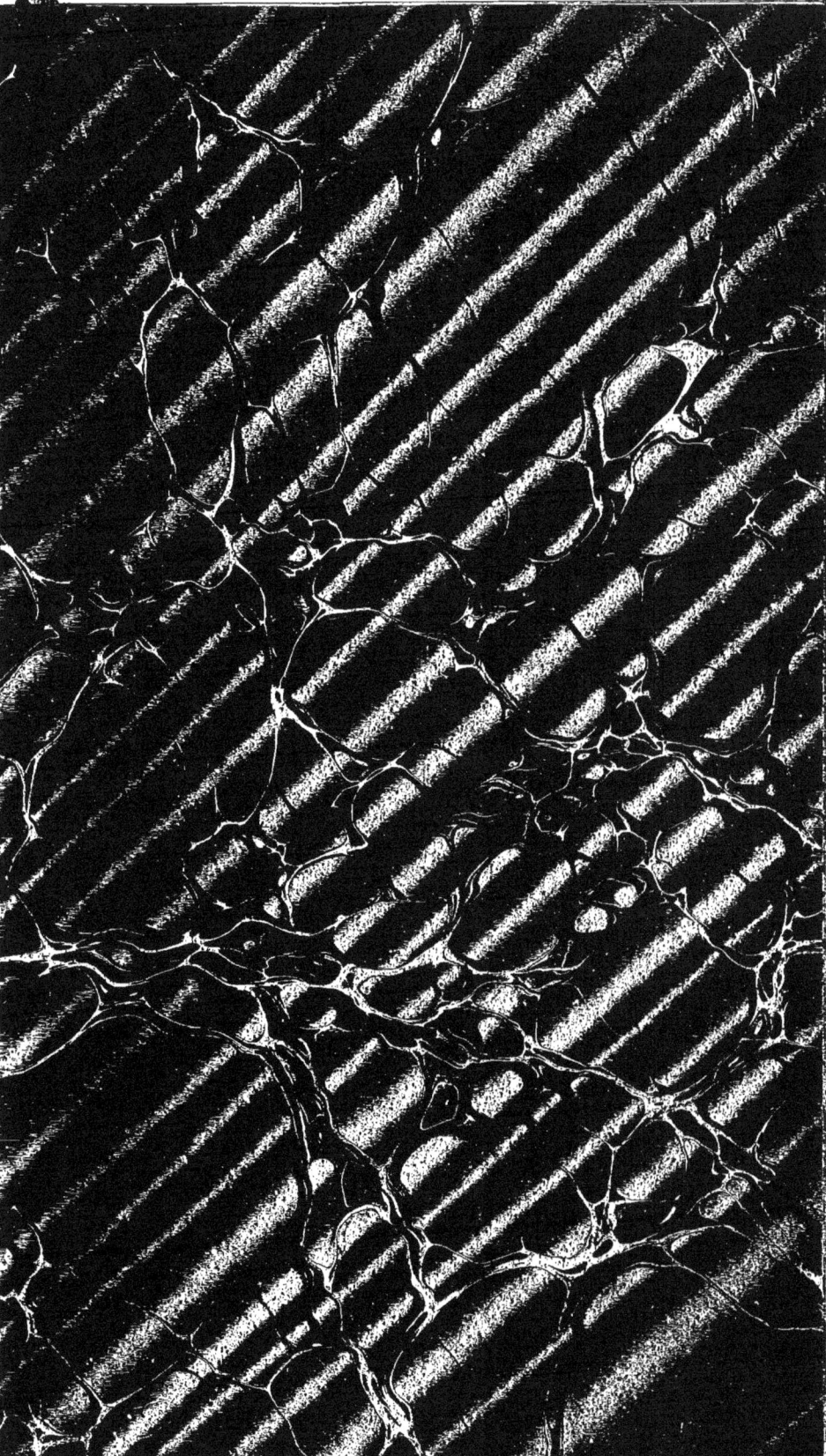

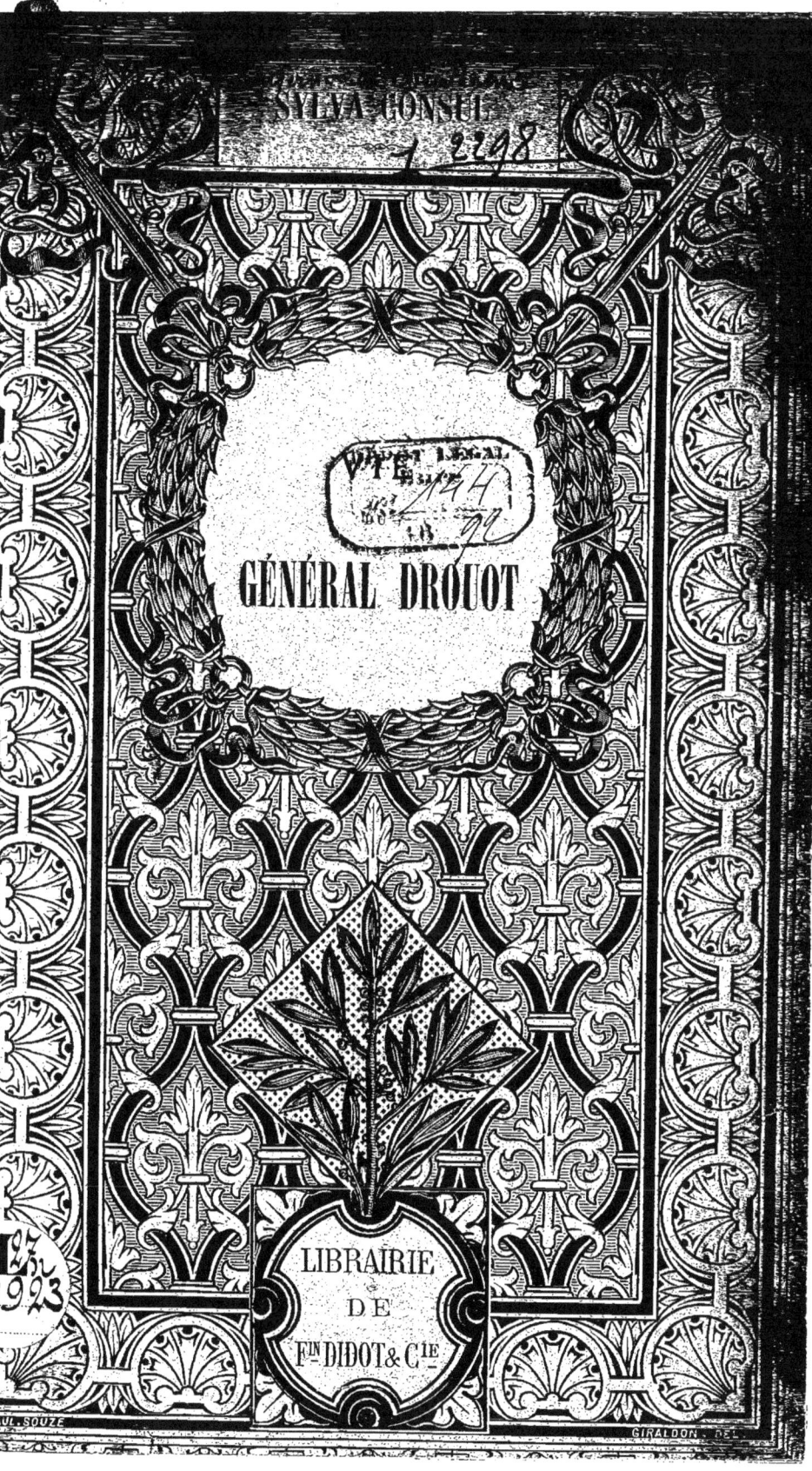

VIE

DU

GÉNÉRAL DROUOT

HUITIÈME SÉRIE. — Format in-8° raisin ill.

TYPOGRAPHIE FIRMIN-DIDOT ET Cⁱᵉ. — MESNIL (EURE).

Fig. 1. — Le général comte Drouot, d'après le tableau de Singry.

SYLVA CONSUL

VIE
DU
GÉNÉRAL DROUOT

1774 — 1847

OUVRAGE ILLUSTRÉ DE 43 GRAVURES

PARIS
LIBRAIRIE DE FIRMIN-DIDOT ET CIE
IMPRIMEURS DE L'INSTITUT, RUE JACOB, 56

VIE

DU

GÉNÉRAL DROUOT

CHAPITRE PREMIER.

Naissance de Drouot. — Ses premières années. — Son précoce amour pour l'étude. — Ses veillées. — Son goût pour les récits historiques. — Sa première communion.

Le 11 janvier 1774, quelques mois avant la mort de Louis XV, naquit, dans un des faubourgs de Nancy, rue Saint-Thiébaut, l'enfant d'un boulanger, nommé Drouot. Il reçut au baptême le prénom d'Antoine, et, certes, les parents ne pouvaient supposer alors que le nouveau-né, si frêle et si tendre, était destiné à illustrer leur nom et à le transmettre couvert de gloire aux générations à venir.

Le père et la mère de Drouot se trouvaient dans une situation de fortune très modeste. Le père se livrait sans trêve au labeur le plus assidu et le plus fatigant, parvenant à grand'peine à gagner la subsistance d'une famille qui allait s'augmentant sans cesse. Antoine était, en effet, le troisième-né et neuf frères et sœurs devaient ensuite porter à douze le nombre des enfants du boulanger.

La mère, tout occupée des soins du ménage, veillait avec la plus grande sollicitude à ce que l'ordre et l'économie régnassent dans la maison. Aussi, quand, fatigué du travail, le boulanger venait s'asseoir à la table commune, éprouvait-il un doux repos entre sa femme et ses enfants.

C'est dans cette famille selon Dieu, que Drouot trouva les premiers bons exemples qui se gravèrent en son âme d'une façon indélébile. C'est là qu'il vit d'abord la glorification du travail, de ce labeur qui permettait à son père de subvenir honorablement aux besoins des siens. C'est par les exemples maternels qu'il se rendit compte de ce que peuvent pour la prospérité d'une nation, comme pour celle d'une famille, l'ordre et l'entente, mais, avant tout, c'est dans le cœur de ces parents chrétiens qu'il puisa les premiers principes de notre sainte religion.

Chaque soir, en effet, avant de redescendre au pétrin pour y fabriquer le pain qu'il devait vendre le lendemain, le père de famille rassemblait autour de lui ses jeunes enfants. Tous réunis faisaient alors monter vers l'Éternel leurs actions de grâce pour la protection qu'il leur avait accordée pendant le jour qui finissait et le priaient de la leur continuer le lendemain.

Un autre grand exemple qui s'imposa à son jeune esprit, fut celui de la charité et de la bonté envers les pauvres.

La situation du ménage, nous l'avons dit, était très modeste et aucun superflu n'y régnait. Pas un, cependant, de ces déshérités de la fortune qui sont obligés de demander aux autres de quoi subsister, ne s'adressait au boulanger sans recevoir de lui un morceau de pain, qu'accompagnait une parole d'encouragement ou de pitié. Animé des sentiments d'une religion toute de miséricorde et de douceur, c'était non seulement l'aumône, mais encore la charité que pratiquait le père d'Antoine.

Doué d'une intelligence absolument remarquable,

l'enfant, dès l'âge le plus tendre, étonna tous ceux qui le connurent, et ses parents eux-mêmes, par la précocité de son esprit.

Il avait trois ans, l'âge où le jeune enfant ne pense naturellement qu'au jeu, quand il força l'attention de tous par une démarche qu'il convient de rappeler.

Un des fils du boulanger, plus âgé qu'Antoine, fréquentait l'école des Frères, et puisait dans les leçons de ces dévoués éducateurs de la jeunesse les principes des sciences humaines, en même temps que les meilleurs sentiments religieux et moraux. Quelquefois ses petits camarades se réunissaient à lui pour faire ensemble les devoirs qu'ils devaient, le lendemain, rapporter à leur maître. Antoine les regardait d'un œil d'envie déchiffrer les caractères tracés sur les livres et tenter de les reproduire sur leurs cahiers. Une grande peine lui venait d'être trop jeune pour faire comme eux et le désir se développa bientôt en lui, d'une façon irrésistible, d'apprendre à lire.

Un matin, voyant son frère partir pour l'école, il ne peut résister à la tentation de le suivre. Il attend que les élèves soient tous entrés, et, à la fois timide

Fig. 2. — Drouot à l'âge de trois ans se présente à l'école des Frères.

et résolu, il traverse la rue de la ville et pénètre dans le bâtiment.

— Que viens-tu faire ici? lui demanda amicalement le Frère, tout étonné de le voir.

— Je viens apprendre à lire et à écrire, balbutia timidement le bambin.

— Mais c'est impossible, dit en riant le vénérable maître; tu es trop jeune. Quand tu auras atteint l'âge de ton frère, je te recevrai, et je ne doute pas qu'alors tu apprennes bien rapidement, avec un tel désir de travail.

L'enfant n'entendait pas de cette oreille-là, et, tout en pleurant, il répétait :

— Je veux apprendre à lire, je veux apprendre à écrire.

Le bon Frère eut toutes les peines du monde à le consoler, après quoi il le ramena à ses parents qui, s'étant aperçus de son absence depuis quelques instants, étaient déjà plongés dans la plus grande inquiétude.

Au récit de son équipée, ils furent à la fois surpris et charmés, et, sans penser à le gronder, ils l'embrassèrent avec effusion. En retournant à son travail, le père d'Antoine ne pouvait s'empêcher de faire déjà les plus brillants rêves sur l'avenir de son enfant. Certes nous pouvons affirmer que son imagination n'allait pas jusqu'à supposer la splendide carrière que devait fournir le précoce curieux.

Peu de mois après, devant les instances réitérées de l'enfant, force fut à sa mère de lui donner les premières notions de lecture, et bientôt, à sa grande joie, il était reçu, cette fois, à l'école qu'il n'avait fait encore qu'entrevoir.

Dire l'ardeur à l'étude que développait le jeune Antoine, l'attention soutenue qu'il apportait aux leçons de ses maîtres, son exemplaire conduite, qui faisait l'édification de ses petits camarades, est chose impossible. On eut crû qu'il se rendait déjà bien compte de l'obligation du travail imposé aux hommes par le Créateur, et qu'il s'efforçait de ne pas transgresser un devoir aussi impérieux.

Ses maîtres, heureux d'avoir à donner leurs soins à un tel élève, ne manquaient aucune occasion de développer une intelligence qui se manifestait si remarquable. Pendant que ses camarades, moins bien doués ou plus distraits de l'étude, arrivaient péniblement à s'inculquer les principes des sciences, Antoine Drouot étonnait parents et professeurs par la continuité de ses succès.

Que de fois, à peine sorti de classe, le voyait-on se remettre à l'étude, malgré les sollicitations inquiètes de sa mère qui craignait une trop grande fatigue cérébrale pour son jeune fils. Loin d'avoir à lutter contre l'amour immodéré du jeu qui emporte en général les enfants de cet âge, il fallait le forcer à prendre part aux ébats de ses frères et de ses petits amis. Sa grande joie était d'apprendre quelque chose de nouveau, de venir à bout d'une difficulté grammaticale, de trouver la solution d'un problème.

Mais dès qu'il fut apte à lire avec fruit les ouvrages qu'on lui confia, il se livra avec une ardeur sans pareille à l'étude de l'histoire. Il suivait avec une habileté extraordinaire l'enchaînement des faits, se passionnait pour les récits glorieux des règnes des rois de France, et restait tristement impressionné par la narration des défaites subies autrefois.

A la table de famille, que de fois son père l'interrogea, sachant lui causer ainsi un grand plaisir et désireux que ses frères apprissent de lui bien des choses qu'ils ignoraient! On voyait bientôt l'enfant s'animer peu à peu et trouver dans la naïveté et la simplicité de ses termes, des accents touchants pour la narration des faits du passé. Un grand silence régnait alors, et Antoine poursuivait son récit, reliant les événements, se hâtant d'ajouter une victoire à une défaite, et intéressant ses auditeurs à un point tel que le boulanger s'oubliait parfois à l'entendre.

Un compliment de son père, un baiser de sa mère: telles étaient les récompenses d'Antoine.

Avec la même précocité, il s'instruisit des principes de la religion. Les jours de fête de l'église étaient pour lui des jours de bonheur. Les chants pieux, les solennels offices, les belles processions, soulevaient dans son âme des élans d'une foi enfantine qui devait aller grandissant toujours, et rester inébranlable dans toutes les circonstances de sa brillante carrière.

Le souvenir de ses premières années resta absolument gravé dans le cœur d'Antoine Drouot. Il connut les succès de l'étude, s'éleva rapidement à une haute situation, acquit une gloire que le temps ne pourra détruire, connut les enivrements du triomphe, reçut les félicitations du plus grand capitaine des temps modernes, Napoléon, et pourtant, quand, dans sa vieillesse, il jetait un coup d'œil sur sa vie passée, c'est à sa première jeunesse qu'il attardait le plus doucement son souvenir.

Cependant, le frère chargé de la direction de l'école, étonné des extraordinaires progrès que faisait son élève, vint, un jour, trouver le boulanger, et ne lui dissimula pas combien il serait regrettable qu'une telle intelligence ne fût soumise qu'aux études élémentaires.

— Ou je me trompe fort, dit-il au père de notre héros, ou ses succès au collège vous dédommageraient, et maintenant, et plus tard, des sacrifices que vous vous imposeriez pour l'y faire admettre.

Les parents d'Antoine, après s'être consultés, se rangèrent à l'avis du vénérable maître, et bientôt il entrait comme externe au collège de Nancy.

Sa joie fut extrême, et il ne manqua pas de l'exprimer bien hautement. Craignant que peut-être un peu d'orgueil ne se glissât dans cette perspective de faire des études supérieures à celles qui étaient réservées à ses frères, son père, la veille de son entrée au collège, lui tint, à la fin du repas, le langage suivant :

— L'intelligence, mon enfant, est un bienfait de Dieu, et nul d'entre nous ne saurait se prévaloir d'un don qui lui a été fait. Tu iras, à partir de demain, au collège, mais, ta mère et moi, entendons que rien ne soit changé à ta façon de vivre avec nous et tes frères. Ce sacrifice que nous faisons, en te mettant à même de profiter des leçons de maîtres spéciaux, nous a été inspiré par la Providence, mais aucun des devoirs que tu dois accomplir dans la famille, nous ne te l'épargnerons, bien entendu.

— Oh! père, répondit Antoine, je suis trop heureux de votre résolution, et vous en suis trop reconnaissant pour ne pas chercher à vous satisfaire en toutes choses.

L'enfant tint parole. Livré pendant le jour aux études sérieuses, préparatoires à l'enseignement supérieur, il rentrait, le soir, à la maison paternelle et n'esquivait aucune des petites corvées auxquelles le boulanger soumettait ses fils les plus grands.

Il prenait les pains destinés aux clients, et, sans perdre une seconde, pour être plus tôt prêt à se replonger dans la lecture de livres qu'on lui avait confiés, il courait faire les livraisons, avec une gentillesse que tout le monde se plaisait à admirer.

De retour au logis, c'est dans la chambre commune qu'il se tenait, et là, sans se laisser distraire par les jeux ou les conversations de ses frères, par les allées et venues de sa mère, il forçait son esprit à se livrer tout entier à la solution d'un problème ou à la compréhension

Fig. 3. — Drouot courait faire les livraisons de pain...

d'une difficulté grammaticale. Que de fois, dérangé au milieu d'une étude, il fut appelé pour quelque course à faire, quelque tâche à accomplir, sans que jamais rien ne trahît une impatience ou un accès de mauvaise humeur.

Mais le dîner ayant réuni les membres de la famille, nous retrouvons Drouot aimable pour tous, comprenant le manque d'esprit et de cœur qu'il y aurait à faire devant son père, devant ses frères, montre d'une érudition trop grande. Il s'intéresse à toutes les petites affaires qui préoccupent les siens et quand, sur la prière de l'un d'eux, il essaie de lui aplanir une difficulté dans la confection d'un devoir, il reste simple et bon, sans un mot d'orgueil ou de satisfaction envers lui-même. Aussi combien est-il aimé de ses frères et de ses sœurs qui semblent déjà ressentir une sorte de différence à son égard ! Il n'est pas jusqu'à ses aînés qui ne partagent le sentiment commun.

Lorsque l'époque de sa première communion fut arrivée, Drouot manifesta la ferveur la plus grande et donna le meilleur exemple à ses petits camarades. Avide d'écouter les leçons du catéchisme, il semblait, malgré son jeune âge, comprendre à merveille les splendides beautés de la doctrine de Jésus-Christ. Chacun des jours qui le rapprochait de l'époque fixée le trouvait plus rempli de foi et de sagesse. Aussi de quelle joie débordait le cœur de ses parents, en voyant les pieuses dispositions de leur fils que le catéchiste proposait comme modèle à ses petits camarades.

Mais le grand jour est arrivé. Entouré de tous les siens, Antoine pénètre dans l'église resplendissante de fleurs et de lumières. La grande voix des orgues s'élève frissonnante, en même temps que les cantiques d'amour et de désir montent vers le Dieu Eucharistique. Un grand souffle de foi courbe le front de tous les assistants, aussi bien des pères que des fils. Et bientôt Antoine, tout extasié, s'approche à son tour de la table sainte, pendant que ses parents versent des larmes de bonheur!

Le souvenir de ce jour resta gravé à jamais au cœur de Drouot, et si l'histoire n'a pas apporté jusqu'à nous les paroles qu'il prononça sans nul doute plus tard à ce sujet, on peut supposer, sans crainte de se tromper, qu'elles furent les mêmes que celles de Napoléon. Dans une heure de calme, entre deux batailles, causant de la façon la plus famillière avec ses maréchaux, le César demandait à chacun d'eux quel était, d'après le souvenir des temps passés, le plus beau jour de leur vie.

Et quand chacun d'eux eut répondu, l'un rappelant le jour d'une nomination à un titre ou à un grade, l'autre citant celui d'une victoire : — Eh bien, moi, Messieurs, déclara Napoléon, le plus beau jour de ma vie a été celui de ma première communion.

Drouot continua ensuite ses études sans jamais donner le moindre sujet de plainte ni à ses parents ni à ses maîtres. Plus intéressé, à mesure qu'il avançait en sciences, par les problèmes soumis à son esprit, il montrait une ardeur qui ne se démentit pas un instant et qui devait, comme nous le verrons, amener le fils du boulanger, aux plus grandes choses.

Mais affirmer sans prouver n'est pas faire œuvre d'historien, aussi sommes-nous heureux de pouvoir mettre sous les yeux des lecteurs la lettre adressée par l'un des anciens professeurs de Drouot, à M. Jules Nollet, compatriote du général, qui avait entrepris d'écrire la biographie de notre héros. M. Spitz, qui, en 1847, époque à laquelle il adressait le document dont nous parlons, était inspecteur d'Académie, avait donné, cinquante ans auparavant, des leçons de mathématiques au jeune Drouot. Souhaitons aux enfants qui liront le récit de la vie du Nancéen, que leurs maîtres parlent d'eux plus tard dans les mêmes termes qu'emploie le professeur à l'égard de son ancien élève.

Varengeville, 20 décembre.

« Monsieur,

« Conformément à vos désirs, je m'empresse de vous

Fig. 4. — Drouot, courbé sur l'atlas, travaille à la lueur du fournil.

« informer que l'illustre général Drouot a suivi mon
« cours de mathématiques au collège de Nancy pen-
« dant les années 1791 et 1792, et qu'il n'a cessé de
« servir de modèle, sous tous les rapports, à plus de

« soixante de ses condisciples. Étant enchanté de son
« grand désir de s'instruire, je lui ai donné, tous les
« jeudis et dimanches, ainsi que pendant les vacances,
« des leçons particulières; en sorte qu'après l'espace
« de deux ans il avait acquis les connaissances de
« toutes les parties des sciences mathématiques qui
« n'étaient enseignées que dans les écoles militaires
« supérieures. »

Au surplus, les devoirs du jeune Antoine à la maison continuent à être les mêmes. Il travaille toujours dans les conditions les plus mauvaises; et seulement après qu'il a accompli les ordres de son père et qu'il s'est rendu utile aux siens.

Le soir venu, la prière faite, on éteint la lampe par économie, et quelqu'ennui qu'il en souffre, il n'en laisse jamais rien paraître. Si la lune brille et lui fournit la lumière qu'il désire, il continue à sa pâle lueur la lecture commencée; si le temps est sombre, sans impatience, il se couche.

Son père lui accorda à cet âge une grande faveur. La santé d'Antoine ne laissant place à aucune crainte sur sa vigueur, il lui permit de profiter de tous les instants qu'il voudrait utiliser pour se livrer à ses chères lectures. Aussi, comme l'enfant en profitait !

Vers deux heures, le boulanger descendait à son travail. Dès qu'il était réveillé, Antoine se levait rapidement et se précipitait au fournil. Là, dans un coin, non loin de la lampe, il s'asseyait, et rien ne pouvait alors le distraire de son étude. On eut dit qu'il voulait s'assimiler de suite toutes les sciences, comprendre sans difficulté les problèmes les plus ardus et pénétrer par son attention ceux qui lui échappaient encore.

Son grand amour pour l'histoire, il l'avait conservé et senti grandir en lui de jour en jour. Ce n'était plus le précis de l'histoire de France qu'il lui fallait, car il n'en ignorait ni un fait, ni une date. Maintenant, il cherchait à s'expliquer les narration que fait Tite-Live de l'histoire romaine. Jules César surtout l'attirait, avec son *Commentaire sur la conquête des Gaules*. Courbé sur l'atlas qui indiquait la route suivie par le grand général, il lui semblait alors être avec lui. Avec lui il passait le Rubicon, avec lui il venait jusqu'aux montagnes des Arvernes, avec lui il continuait la conquête. Drouot se rendait compte de tout : de la stratégie employée par le vainqueur, des moyens de défense que lui opposaient ses adversaires. Avec César aussi, il luttait contre Vercingétorix, avec lui il était battu à Gergovie, avec lui il prenait sa revanche à Alésia. Il n'était plus dans le fournil d'un humble boulanger de Nancy, mais bien sur le champ de bataille, au milieu de la mêlée, dans toute l'ardeur du combat.

Combien de fois arriva-t-il qu'au milieu d'un récit où son imagination l'emportait, Drouot fut rapidement rappelé à la réalité par le manque subit de lumière.

La fournée du lendemain étant faite, le père de Drouot, par économie, éteignait la lampe. Alors notre lecteur, emporté par la narration qui l'animait comme tout chaud de la bataille qu'il était en train de livrer, ouvrait le four encore tout brillant de flammes, et continuait son récit jusqu'à ce que l'action fût terminée.

C'est en faisant ainsi, par la pensée, partie de l'état-major de César que Drouot se préparait à marcher à la tête de l'état-major du César qui grandissait alors, du plus grand capitaine des temps modernes, Napoléon. Comme il était loin de se douter qu'il assisterait à des combats plus fameux que ceux rapportés pas les *Commentaires*, qu'il coopèrerait à des conquêtes autrement importantes, et que la stratégie qu'il apprenait dans le livre du général romain, il aurait à l'appliquer dans les guerres du général français.

CHAPITRE II.

A 17 ans, Drouot veut entrer à la Chartreuse. — Combats intérieurs. — Il se décide pour l'état militaire. — 1793. — Ses études acharnées. — Il subit l'examen d'élève sous-lieutenant. — Laplace le félicite. — Son premier triomphe.

Cinq ans se passèrent ainsi, années pendant lesquelles Drouot resta fidèle aux sentiments religieux que, dans sa première enfance, lui avait inculqués sa famille. Élevé à l'ombre de l'église, il puisait dans les principes du catholicisme la force de résister aux entraînements de la jeunesse. Il ne manqua pas d'occasions où ses amis tentèrent de lui faire partager leurs distractions frivoles, sinon coupables, mais avec une fermeté qui n'excluait aucunement la douceur, il résistait à leurs sollicitations, les persuadant même souvent de renoncer à des projets bien arrêtés.

Quand il eut atteint l'âge de 17 ans, Drouot réfléchit

à l'avenir qui s'ouvrait devant lui. Par les études qu'il achevait, et dont nous parle M. Spitz dans la lettre que nous avons reproduite, il pouvait espérer obtenir dans la société une situation, sinon brillante, au moins convenable et tranquille. Mais, en même temps, par une mystérieuse attraction, il se sentait porté à la vie, toute de prière et de méditation, du religieux. Il lui semblait que, nulle part, il ne serait plus heureux que derrière les cloîtres de la Chartreuse, que le bonheur l'attendait sous la robe de bure des disciples de Saint-Bruno, et bientôt s'ancrèrent dans son esprit et s'affermirent dans son cœur la résolution et le désir de se séparer du monde pour toujours.

Souvent, le matin, dès les premières heures du jour, il se hâtait, sitôt l'église ouverte, de venir converser avec Dieu, et, après l'humble prière, demandant les lumières de l'Esprit-Saint, il écoutait les voix intérieures qui, dans le calme de l'âme, lui parlaient doucement. C'est alors qu'il considérait les beautés et les douceurs de la vie monacale. Il se voyait, une fois le seuil de la Chartreuse franchi, serviteur voué à Dieu, vivant dans la paix de la cellule, sans aucun écho des bruits extérieurs d'une vie agitée et vaine, heureux de la livrée humble et pauvre qu'il avait revêtue, courbé sous une règle rigide, anéanti sous le

Fig. 5. — Église Saint-Sébastien, à Nancy.

bien-aimé esclavage de l'obéissance. Il lui semblait que son âme était destinée à verser toutes ses ardeurs aux pieds du Très-Haut, sans qu'elle dût jamais être distraite de son adoration et de sa prière.

Sa résolution mûrit lentement en lui, grandissant chaque jour. Il attendait avec une pieuse impatience le moment de se livrer tout entier à Dieu, et hâtait de tous ses vœux l'instant où il allait pour toujours quitter le monde.

L'année 1792 arriva.

A la demande du retrait des troupes ennemies des frontières françaises, les puissances avaient répondu par une fin de non-recevoir. La guerre une fois déclarée, on eut à lutter en même temps contre le roi de Prusse et l'empereur d'Autriche, Léopold. Le début de la campagne fut mauvais. Dumouriez avait beau se trouver à la tête de l'armée, des rébellions éclatèrent qui compromirent la sécurité du pays.

L'Assemblée avait déclaré que la Patrie était en danger. Les volontaires affluaient des départements.

Tout-à-coup les Prussiens, faisant irruption en France, s'emparent successivement de Longwy et de Verdun et se répandent bientôt sur toute la Champagne. Un long cri d'épouvante et de colère retentit, qui se répercute sur tous les points du territoire. Les esprits s'exaltent dans l'idée du péril, et chacun veut courir à la frontière pour repousser les ennemis.

Drouot avait frémi comme les autres à la nouvelle de l'invasion. Il était trop bon chrétien pour n'être pas excellent Français.

Dire le combat qui se livra alors dans l'âme du jeune homme est impossible. Un doute lui vint. Pouvait-il bien, pendant que les camarades partaient à la défense de la patrie menacée, pendant que les périls de toutes parts se dressaient, terribles, se désintéresser de la lutte et fuir les camps pour le cloître? Sans doute, ses prières s'élèveraient ferventes pour le salut de la France, mais son bras vigoureux ne devait-il pas s'armer pour courir à la frontière?

Et les jours se succédaient, amenant les nouvelles les plus graves, et faisant s'enrôler dans les rangs des volontaires toute la jeune génération d'alors. Il voyait ceux qui avaient grandi à ses côtés, les compagnons de ses études, endosser l'uniforme avec enthousiasme, et, tout en gémissant sur les erreurs de ceux qui ensanglantaient la France à l'intérieur, se précipiter contre l'étranger envahisseur.

Dans cette perplexité, il s'adressa à l'Esprit-Saint, le suppliant de lui indiquer la voie à suivre, et ce fut un matin, dans la méditation qui suivit l'audition de la messe, qu'il reçut les lumières qu'il avait sollicitées.

Être chartreux, pensa-t-il, c'est me livrer à l'obéissance, à la discipline, au devoir, au dévouement. J'obéirai à mes supérieurs; ma volonté sera morte pour ainsi dire, et, à chaque heure du jour, je devrai faire ce qu'on me commandera et accomplir les devoirs qui me seront imposés. Et si j'étais soldat? Ne me faudrait-il pas aussi, sans retard, sans réplique, sans discussion, me plier aux ordres de mes chefs? Ne devrais-je pas, à tout instant, aller ici, là, souvent au prix des plus grands périls? Ma vie ne serait-elle pas exposée mille fois à la mort? N'aurais-je pas, peut-être, tout aussi bien qu'à la Chartreuse, occasion de me dévouer à mes semblables? Soldat, par mon obéissance, par ma soumission, par mon respect envers les supérieurs, ma condescendance pour les inférieurs, ne pourrais-je donner le bon exemple à mes camarades? Officier, si je le devenais, ne me serait-il pas possible, par mon affabilité, mon intérêt vigilant envers ceux dont la vie me serait confiée, de rendre service et d'être utile à mes frères? Pendant que d'autres, plus âgés que moi, prieront Dieu pour mon pays, ne ferai-je pas mieux d'aller le défendre et n'aurai-je pas alors autant de mérite qu'en embrassant la vie religieuse?

La résolution du jeune Drouot fut bien vite arrêtée, et en sortant de l'église, il savait désormais ce qu'il avait à faire.

Pendant que les esprits superficiels s'étonnaient de ce changement dans ses résolutions, les autres, plus observateurs, comprirent très bien les raisons qui avaient déterminé le fils du boulanger à troquer la robe blanche du chartreux, qu'il ambitionnait jadis, contre l'uniforme du soldat.

L'ardeur la plus grande, Drouot la montra dans les études préparatoires à l'examen d'élève sous-lieutenant. Au moment où la guerre enflammait l'Europe, il n'y avait plus un esprit jeune qui ne fût porté à la carrière des armes, et la grande concurrence rendait plus difficile l'examen d'admission. Animé du désir le plus vif de ne pas attendre longtemps sans prendre part à la bataille, il étonna tous ceux qui l'entouraient par l'énorme somme de travail qu'il donna. D'autres, plus heureux que lui, demandaient à des professeurs émérites de leur aplanir les difficultés des sciences, et, soutenus par des conseils de chaque jour, pouvaient se présenter à l'examen sans émotion et sans crainte.

Drouot, lui, suppléait à ces leçons d'une si grande utilité pratique par un infatigable zèle à l'étude. A cette époque, où chaque jour apportait une nouvelle à sensation, où la vie semblait avoir doublé d'intensité, notre jeune homme sentait son cœur palpiter à l'unisson de tous les cœurs véritablement français.

Ah! dire combien son âme noble et généreuse souffrit des horreurs auxquelles il lui fut donné d'assister, dire combien ses sentiments furent profondément froissés par les crimes que commit la Terreur en délire, dire de quelle réprobation indignée il flagella tous ceux qui s'attaquaient à ses chères croyances religieuses, est chose impossible. Mais, sans se perdre en discours vains et inutiles, il voyait avant tout la grande image de la patrie attaquée qui demandait du secours, et il lui préparait, avec la conscience que nous lui verrons mettre dans tous ses actes, un défenseur ardent et éclairé.

C'était en 1793.

Le meurtre de Louis XVI avait déchaîné sur notre malheureux pays les haines les plus vivaces et les plus puissantes.

Un jeune frère d'Antoine, qui, à 16 ans, s'était engagé dans l'armée de Sambre-et-Meuse, venait de mourir sur le champ de bataille. Pendant que la douleur courbait le front des parents de Drouot, celui-ci semblait puiser dans le deuil qui frappait sa famille, une volonté encore plus arrêtée de lutter contre les ennemis de son pays.

Lecteurs, à qui de nous n'est-il pas arrivé de se laisser abattre par certaine circonstance de la vie qui nous paraissait constituer un obstacle insurmontable? Le jeune Antoine va nous donner une magnifique leçon de courage et de confiance en Dieu. Écoutons l'odyssée de Drouot, telle que nous la raconte un de ses vaillants et pieux successeurs dans les rangs de l'armée française, le général Ambert.

« Un matin, Antoine Drouot s'éloigna de Nancy
« pour aller subir cette épreuve, dont il ignorait

« même les conditions. L'argent manquait à la mai-
« son, et le pauvre Antoine dut faire à pied la route
« de Nancy à Châlons. Vêtu fort simplement, comme
« le fils d'un ouvrier, le bâton à la main, une légère
« besace de toile sur l'épaule, Antoine reçut la béné-
« diction de son père et de sa mère et quitta ce
« foyer domestique où il avait puisé le germe de
« toutes les vertus.

« Le voyage se fit sans accident. Le jeune écolier
« s'asseyait près d'une fontaine, au bord du chemin,
« tirait un morceau de pain de sa besace et prenait
« son repas. »

Il y avait, à cette époque, un mathématicien célèbre dont la gloire resplendit encore de nos jours
d'un grand éclat, Laplace.

Né en 1746, il était comme Drouot, issu de la classe
laborieuse et pauvre. Son père était un simple culti-
vateur. De même que notre héros, il avait dû s'élever
par son propre travail, et, sans protection spéciale, il
était parvenu à s'imposer à tous par la force de son
talent et la grandeur de ses découvertes astronomi-
ques. D'abord professeur de mathématiques à l'école
militaire de sa ville natale, il fut bientôt appelé dans

la capitale. Là, il prit part à la fondation de l'école polytechnique et de l'École normale. Sa renommée grandissant de jour en jour, ses travaux excitant l'admiration de tous les savants de l'époque, il voyait se presser autour de lui toute la jeunesse des écoles, anxieuse d'entendre ses doctes leçons.

C'est Laplace que le gouvernement avait chargé de faire subir les examens pour l'obtention du grade d'élève sous-lieutenant; c'est devant lui que Drouot résolut de se présenter pour y être interrogé sur les matières imposées aux candidats.

Fig. 6. — Laplace.

Le matin du jour de l'examen était arrivé. Notre jeune homme était plongé dans la plus grande anxiété. Il avait conscience de s'être appliqué à l'étude de toutes ses forces, il connaissait à fond toutes les questions du programme, mais il se demandait avec terreur comment il serait accueilli, lui qui avait conservé, — il s'en rendait bien compte —

l'allure du paysan, au milieu de cette jeunesse fortunée qui formait la majorité des candidats.

Les actes du jeune Drouot ne sont connus, pour ce jour-là, qu'à partir du moment où il pénétra dans la salle de l'école d'artillerie, affectée aux épreuves orales. Nous ne savons rien de ce qu'il fit avant que d'y arriver, mais connaissant les pratiques religieuses, sachant l'intime et profonde dévotion du jeune étudiant, comment pourrions-nous supposer qu'il n'invoqua pas, avant d'affronter les interrogations du célèbre examinateur, les lumières de l'Esprit-Saint ? Qui douterait un instant que dûrent monter vers Dieu ses prières ferventes et qu'il puisa dans ses supplications à l'Éternel la force qui lui était nécessaire en cette circonstance solennelle ? C'est sans aucun doute armé des secours divins qu'il se présenta au lieu où siégeait le jury d'examen.

Une foule d'aspirants se pressait dans la salle. 180 candidats étaient en présence. Le plus grand nombre avait déjà subi les épreuves quand la porte s'ouvre au milieu d'une interrogation. Les têtes se retournent, et bientôt sur le visage de chacun se lit une profonde stupéfaction. On chuchote et l'attention de Laplace est bientôt attirée par le désarroi universel. Il se lève alors et que voit-il devant lui? Un jeune homme, de très petite taille, ayant dans les yeux quelque chose d'effaré, avançant avec indécision, vêtu à peu près comme un paysan, chaussé de gros souliers à clous et tenant maladroitement un bâton noueux à la main.

— Que désirez-vous? demande Laplace au nouveau venu. Vous vous êtes sans doute trompé en entrant ici, mon ami. C'est la salle d'examens réservée aux candidats sous-lieutenants.

Interloqué, notre jeune homme répond d'une voix douce :

— C'est pour cet examen que je viens, monsieur.

Un rire général s'élève alors de l'assistance. On ne pouvait supposer un instant que ce jeune rustre eût quelque chance de succès, et à tous les aspirants il semblait bizarre qu'ainsi accoutré, on pût prétendre savoir quelque chose.

Laplace, se souvenant sans doute de ses jeunes années, réprima de suite cet accès d'hilarité, et, d'une voix bienveillante, invita Drouot à s'asseoir, en attendant que son tour d'être interrogé fut venu.

Les candidats succédèrent aux candidats, mais, dès ce moment, l'attention générale était attirée sur le jeune homme ; on lisait sur le visage de tous la plus grande impatience de l'entendre répondre aux questions qui lui seraient posées.

Drouot sentait bien cette curiosité universelle, plutôt hostile, qui l'entourait, mais se repliant en lui-même, il invoqua, par une oraison mentale, l'Esprit d'intelligence, et il sentit bientôt succéder à l'effarement des premières minutes, une grande confiance en lui.

Laplace, cependant, continuait à interroger les candidats, et on voyait, malgré lui, un peu d'impatience le gagner chaque fois qu'une mauvaise réponse lui était faite. Il semblait avoir hâte de terminer la séance.

La série était close et déjà Laplace se levait, quand, se rappelant l'aspirant inattendu, il se rassit et appela Drouot qui, encore une fois, souleva sur son passage les chuchotements curieux et des rires mal contenus. Une question lui est posée, puis une autre. Avec une fermeté, une netteté, une lucidité extraordinaires Drouot y répond.

Les rires de l'assistance se taisent comme par enchantement et le silence le plus complet ne tarde pas à s'établir.

Laplace regarde alors plus attentivement le jeune candidat qui lui fait face et paraît étonné de toute l'intelligence qu'il lit sur son visage. Sa voix se fait

Fig. 7. — Examen de Drouot à l'École de Châlons, il est porté en triomphe par ses camarades. (D'après un bas-relief du monument élevé par la ville de Nancy.)

plus douce, et, en même temps qu'il continue la série de ses interrogations, il met dans le ton qu'il prend quelque chose d'encourageant qui soutient l'énergie de notre Drouot. Les réponses succèdent aux demandes sans hésitation, et toujours elles tombent nettes et précises.

Comme piqué au jeu, Laplace serre ses raisonnements de plus près, poursuit plus avant les déductions de ses théorèmes, multiplie les difficultés, mais sans embarrasser l'élève qui semble aller au devant d'elles et les résout comme en se jouant.

L'attention des auditeurs lassée par des heures d'examen, est plus soutenue que jamais. Tous les concurrents sont, pour ainsi dire, attachés aux lèvres du *paysan*. Laplace, sans se rendre aucunement compte de l'heure qui passe, va toujours plus loin dans les sciences et s'aperçoit bientôt, en voyant Drouot hésiter dans une réponse, qu'il a de beaucoup dépassé les limites naturelles de l'examen et que ses demandes confinent à l'étude du calcul infinitésimal.

Alors le savant, se rendant, sans nul doute, bien compte de ce qu'il avait fallu de courage, de force, de persévérance, à ce pauvre jeune homme pour arriver à s'assimiler des connaissances déjà si profondes, se rappelant probablement ses débuts à lui-même, s'arrête, touché d'émotion jusqu'au fond du cœur, et se levant, au milieu d'un silence solennel, attire à lui Drouot chancelant, l'embrasse avec effusion et lui dit :

— Vous êtes reçu le premier de la promotion.

Un tonnerre d'applaudissements accueille les paroles du grand homme. Tous ces jeunes gens, une heure auparavant gouailleurs, qui, au fond, avaient l'âme bonne et l'esprit juste, subissent un revirement soudain et les acclamations les plus enthousiastes retentissent aux oreilles de notre vainqueur.

Mais ce n'est pas assez, car chacun des élèves s'en veut d'avoir jugé Drouot sur l'apparence et désire le dédommager des rires moqueurs qui l'ont accueilli. Avant que le jeune Nancéen soit revenu de sa surprise et remis de son émotion, il est pressé dans les bras de ses camarades, entraîné par eux dans les rues de Châlons et accompagné d'un état-major comme ensuite il n'en trouvera jamais de plus enthousiaste ni de plus dévoué. C'est un véritable triomphe qui lui est fait.

CHAPITRE III.

Drouot à l'armée du Nord. — Siège de Dunkerque. — Hondschoote. — Passage de la Sambre. — Bataille de Fleurus. — La vie de Drouot au camp. — Ses livres de choix. — Directeur de l'artillerie à Bayonne; il est victime d'un grave accident. — Drouot en Italie. — La Trebbia. — Hohenlinden. — Campagne des Antilles. — Mort du père de Drouot.

Le brillant examen qu'avait subi Antoine Drouot lui ouvrait les cours de l'École de Châlons, et c'est là qu'il eût dû régulièrement se rendre, si on n'avait été à une époque où les vides se faisaient rapidement dans les rangs de l'armée. L'artillerie avait principalement souffert des premières campagnes, aussi fut-il décidé que les dix premiers de la promotion seraient tout de suite affectés, avec le grade d'officiers, aux régiments de cette arme.

C'est donc comme second lieutenant que Drouot alla rejoindre l'armée du Nord, et ce fut à Metz, où était en garnison le 1ᵉʳ régiment d'artillerie, qu'il se rendit d'abord.

Avec quels sentiments de légitime orgueil son père le vit-il endosser l'uniforme, chacun le comprendra aisément, aussi bien que l'inquiète sollicitude qui tourmenta la mère du jeune officier.

Au surplus, l'effervescence la plus grande régnait dans toute la France. A tout prix il fallait repousser l'invasion des coalisés et sauver le territoire. On demandait la levée en masse, et, le 23 août, un décret de la Convention fut promulgué, dont nous donnons le texte, parce qu'il montre bien l'état des esprits à cette époque :

« Dès ce moment, tous les Français sont en réquisition pour le service des armées.

« Les jeunes gens iront au combat; les hommes mariés forgeront des armes et transporteront des subsistances; les femmes feront des tentes, des habits, et serviront dans les hôpitaux; les enfants mettront les vieux linges en charpie, les vieillards se feront porter sur les places publiques pour exciter le courage des guerriers.

« Les maisons Nationales seront converties en casernes, les places publiques en ateliers d'armes, le sol des caves lessivé pour en extraire le salpêtre.

« Tous les chevaux, sauf ceux employés à l'agriculture, sont requis pour le service militaire. »

Ce fut à l'avant-poste même du danger que Drouot fut envoyé. Dunkerque était assiégé par le duc d'York pendant que Cobourg stationnait lui-même, avec l'autre armée, devant le Quesnoi. 160,000 hommes étaient ainsi dispersés sur cette partie du territoire.

Ce qu'il fallait avant tout, c'était faire lever le siège de Dunkerque, et le général Houchard, commandant en chef de l'armée du Nord, d'accord avec Carnot, qui était accouru au camp français, tenta une attaque qui, si elle réussissait, devait amener une victoire décisive. Dans la ville, se trouvait, en ce moment un jeune officier, qui donnait à tous ceux qui l'entouraient la foi dans le succès final. On le nommait Hoche, et il devait laisser un nom glorieux dans notre histoire.

L'attaque fut vive et bientôt l'ennemi fut obligé de quitter ses positions pour, ensuite, se retrancher dans la petite ville d'Hondschoote, maintenant chef-lieu de canton du département du Nord.

Par l'absence du capitaine et du premier lieutenant, Drouot était chargé de commander à la batterie. Tous les efforts tendaient à déloger l'ennemi de ses positions. Comme le cœur de notre jeune homme devait battre avec force en ce moment critique! A dix-neuf ans, être obligé de prendre une initiative dont dépendait peut-être la vie de beaucoup d'hommes! Comme il avait le sentiment de la responsabilité qui lui incombait, quelles prières durent monter vers Dieu au moment où fut donné le signal de l'attaque!

Les troupes se mettent en marche, mais les plus grandes difficultés se présentent aux assaillants. Les hommes ont de l'eau jusqu'aux genoux et enfoncent dans les marais qui entourent le village. Combien plus difficile est encore le service de l'artillerie! Impossible cependant de s'en passer, car les hauteurs de Hondschoote sont couronnées par l'artillerie ennemie, qui jette la mort dans les rangs des Français, et deux fois les oblige à reculer.

Le général Houchard se rend compte que c'est perdre des hommes sans chance de réussite que de les lancer sur la ville, avant que la canonnade ait cessé. Il faut que nos pièces répondent à celles des ennemis.

Drouot reçoit l'ordre de se rendre sur une petite crête avec sa batterie, et de l'y établir solidement.

Fig. 8. — Les hommes ont de l'eau jusqu'aux genoux et enfoncent dans les marais...
(D'après une photographie de Raffet portant : « L'ennemi ne se doute pas que nous sommes là ; il est sept heures, nous le surprendrons demain à quatre heures du matin. »)

Il part. D'un coup d'œil il mesure le terrain et considère l'endroit d'où il aura le plus de chances de porter des coups décisifs. Avec une intelligence remarquable, il choisit son terrain d'attaque et, emporté par le feu de l'action, ne veut laisser à personne le soin de dresser la batterie qu'il dirige lui-même. Bientôt les boulets pleuvent.

L'ennemi surpris hésite; les fantassins se précipitent sur la redoute, et les Anglais abandonnent la place, poursuivis par notre lieutenant, le héros de la journée.

Les Hanovriens s'étaient retirés sur Furnes, et la nuit suivante, le duc d'York regagnait la même ville, ne prenant pas même le temps d'emmener avec lui son artillerie de siège, qui resta aux mains de nos troupes.

Admirable baptême du feu que celui-là! Du premier coup, Drouot s'imposait à l'admiration de ses chefs qui, plus tard, ne pouvaient se rappeler sans émotion le haut fait d'armes de ce jeune homme de dix-neuf ans.

La bataille terminée, le général Moreau, qui avait le commandement en chef, veut connaître l'officier qui a décidé si heureusement du sort de la bataille. Il trouve enfin le lieutenant et lui adresse les compliments les plus flatteurs.

Ce jour-là même, Drouot s'était révélé, ce que nous le verrons toujours, un soldat digne des plus héroïques siècles de Rome ou d'Athènes.

Un représentant du peuple, au moment où la victoire se dessinait déjà, voit le lieutenant faire fi du danger et s'exposer aux coups ennemis. Il lui conseille d'être plus prudent et de se ménager davantage.

— Monsieur, lui répond Drouot, les soldats victorieux n'ont pas besoin de repos.

Au surplus il ne faudra pas dans la suite trop nous étonner de cette intrépidité que Drouot montra dans les circonstances les plus difficiles. Animé qu'il était de la foi, il n'y avait sur lui aucune prise aux craintes de la mort. Il est fort, celui qui, se sentant dans la main du Tout-Puissant, a la ferme conviction que rien ne peut lui arriver sans l'ordre et la volonté formelle du Créateur.

Animé toute sa vie du sentiment du devoir, inspiré de l'amour de Dieu, comment Drouot, dans n'importe quel moment, eût-il hésité à aller de l'avant sans qu'aucune considération humaine pût l'arrêter?

C'est cette énergie, cette présence d'esprit qui ne le quittaient jamais, qui, en même temps que l'estime de ses chefs, lui valaient l'admiration de ses soldats, auxquels il sut toujours inspirer la confiance nécessaire pour que la victoire suivît la bataille.

En février 1794, Drouot fut nommé lieutenant en premier.

Nos armées s'étendaient en Flandre, mais pendant que Pichegru combattait avec bonheur, Jourdan était moins heureux dans ses opérations. A diverses reprises on essayait de traverser la Sambre et toujours on était rejeté sur l'autre rive. Le 16 juin, Jourdan subissait ce même échec pour la cinquième fois. Furieux de cette vaine tentative, il eut recours à l'artillerie et en fit venir de Maubeuge. Drouot fit partie de cette expédition. Une nouvelle traversée de la Sambre fût tentée, et, cette fois, avec succès. Nos troupes énervées par l'attente et heureuses d'être enfin sur la rive opposée, se précipitèrent avec fureur sur Charleroi qui fut bombardée.

La place se rendit, mais le soir même de la capitulation le feld-maréchal d'Autriche, Cobourg, arriva avec une armée composée de 80,000 hommes, et se mit immédiatement en devoir de reprendre la place dont les Français s'étaient emparé.

Le 26 juin, s'engagea la bataille connue sous le nom de bataille de Fleurus, à cause du petit village près duquel elle eut lieu. Là encore, Drouot combattit et fit admirer à tous le grand courage qui l'animait.

Tous les combats qui suivirent trouvèrent Drouot au premier rang, et, en 1796, il fut nommé capitaine.

Mais les vertus guerrières de notre héros ne sont pas les seules qu'il nous est donné d'admirer à cette époque. Il n'était pas seulement un brave capitaine sur le champ de bataille, mais encore un excellent officier dans la vie de chaque jour, au milieu de ses soldats. Aussi cette attitude noble et ferme explique-t-elle bien comment, malgré ses vingt-deux ans, il était entouré du respect et de la confiance de ceux qui étaient soumis à ses ordres.

Laissons ici, de nouveau, la parole au général Ambert, un des historiographes émus de celui qu'il lui fut donné de connaître dans sa jeunesse :

« Les compagnons de ce temps-là, dit-il, ont souvent parlé de ses débuts. Tous se plaisent à rappeler sa bonté, mais aussi sa sévérité. Il ne pardonnait pas la moindre atteinte à la discipline. Il la voulait pleine et entière.

« Il n'admettait pas les négligences dans la tenue, disant, avec raison, que la tenue fait partie de la displine. Sa batterie était connue dans toute l'armée, et les généraux la donnaient pour modèle. Très bienveillant pour les soldats, il leur rendait justice, et ne souffrait pas qu'il fût porté atteinte à leurs droits. Le dernier couché et le premier debout, il présidait à tous les travaux. Sa bravouve était calme, froide, sans mise en scène, et, pour ainsi dire, religieuse. A ses yeux, combattre était l'accomplissement d'un devoir sacré.

« Il conservait au milieu des camps le pieux souvenir du foyer domestique, écrivait à son père le travailleur, à sa bonne mère qui lui avait enseigné la prière. Connaissant chacun de ses artilleurs il les engageait à ne pas oublier leurs parents et leur servait souvent de secrétaire.

« Sa vie avait une teinte monacale. Il priait et travaillait à ciel ouvert, et sa frugalité eût défié un Spartiate. C'était un spectacle digne d'attention que celui de ce jeune capitaine, dans le tourbillon de la guerre, menant une existence qui nous semble sévère et qui ne lui coûtait ni un calcul ni un effort. Toutes les choses lui étaient naturelles. Il lisait peu et n'emportait avec lui que *l'Imitation* et Vauvenargues. Plus tard il augmenta sa bibliothèque, sans jamais attacher aux œuvres d'imagination plus d'importance qu'elles n'en méritent. Une page de Pascal le rendait rêveur des journées entières. »

Qui de nous, à la lecture de ces pages, ne se sent impressionné? Quel magnifique spectacle que celui de ce tout jeune homme, qui, à l'âge où les autres se laissent généralement aller aux entraînements du plaisir, suit cette existence toute de courage, de travail et de méditation!

C'est bien en effet la vie d'un moine que mène Drouot.

Deux années plus tard, en 1796, nous retrouvons notre capitaine directeur de l'artillerie à Bayonne. De toute urgence, il fallait que la place fût mise en état de résister à un siège possible. Il fut, pendant une revue qu'il passa, victime d'un accident qui devait rendre bien tristes les dernières années de sa vie. On avait omis de retirer de la poudre d'un canon. La charge prit feu, et Drouot, atteint par l'explosion, fut privé de la vue pendant de longs jours. On alla même jusqu'à craindre qu'il ne devînt absolument aveugle. Heureusement il n'en fut rien, mais sa vue resta jusqu'au moment où elle lui refusa tout service, d'une délicatesse qui mit sa patience à l'épreuve, dans toutes les circonstances difficiles où il fut placé.

Cependant l'armée française s'était emparée de l'Italie, et Bonaparte avait laissé, pour la garder, le général Championnet avec une armée de 15,000 hommes seulement, mais qui n'était composée que de soldats intrépides et disciplinés.

Attaqué par une armée de 50,000 hommes, commandée par un général autrichien, Mack, Championnet avait été obligé d'évacuer Rome rapidement et de s'appuyer aux Apennins.

Le roi de Naples s'empare alors de Rome et y fait régner le désordre, le massacre et l'incendie.

Le général français va de l'avant, reprend la Ville éternelle et marche sur Naples, qu'il force bientôt, et où la révolution précipite le roi du pouvoir.

Mais les troupes étaient dispersées sur l'étendue de la Péninsule. Le général Schérer passe, repasse l'Adige, et est bientôt obligé de reculer et de remettre son commandement à Moreau. Celui-ci attendit que l'armée, qui était à Naples et que commandait Macdonald, après la disgrâce de Championnet, revînt se joindre à la sienne.

C'est sous les ordres de Macdonald que nous retrouvons Drouot et ce fut dans une circonstance mémorable qu'il montra de nouveau son courage et sa résolution.

Il fallait que les deux armées se réunissent, et les

Fig. 9. — Soldat, officier d'artillerie et hussard.

généraux avaient décidé que la jonction s'opèrerait à un point du fleuve le Pô.

Macdonald arrive bientôt, avec les 28,000 hommes placés sous ses ordres, au confluent de ce fleuve et d'un de ses affluents, la Trebbia, près de Plaisance.

Attaqué par l'armée russe, commandée par Souvarow, il lutte héroïquement pendant trois jours, espérant à chaque instant voir Moreau prendre l'ennemi en flanc. Au bout de ce temps, désespérant de voir la jonction s'opérer, ayant d'ailleurs subi des pertes sensibles, il se résout à marcher en arrière. Il se rappelle alors l'officier qui, à la prise de Hondschoote, avait décidé du sort de la bataille, et, appelant Drouot, il lui donne l'ordre de couvrir sa retraite.

Les Russes, en voyant le mouvement de recul de nos troupes, se précipitent pour les poursuivre, mais bientôt les batteries tonnent, les arrêtent dans leur marche en avant. Les munitions n'étaient plus, au bout de ce combat de trois jours, qu'en très petite quantité, mais Drouot s'en servit avec une sûreté, une prudence, une habileté si extraordinaires, qu'à chaque bond en avant des Russes, ils doivent s'arrêter, et que Macdonald arrive hors de leur portée sans subir de pertes trop grandes. Pendant plusieurs heures Drouot opposa aux ennemis une barrière infranchissable et ce ne fut que quand il n'eut plus de munitions qu'il abandonna la place.

Drouot revint en France, et, en 1800, fut envoyé à l'armée du Rhin, où bientôt le général Eblé qui le remarqua, l'attacha à lui en qualité d'aide de camp.

C'est dans la forêt de Hohenlinden que nous le retrouvons, le 3 décembre 1800. Moreau, qui luttait contre l'archiduc Jean d'Autriche, y avait concentré 60,000 hommes.

Une neige épaisse tombait sans cesse. Par un mouvement tournant, on prit l'ennemi entre deux feux. Là encore l'artillerie fit merveille et, quand, le soir, on eût mis les Autrichiens en déroute, que canons, bagages et des milliers de prisonniers récompensèrent les efforts héroïques de notre armée, Drouot put, sans faux orgueil, s'attribuer une bonne part de la victoire décisive qui devait amener la paix de Lunéville.

Mais, avant de signer la paix, on fait un armistice et Drouot va, croyons-nous jouir d'un repos bien mérité? Il n'en est rien. Le général Eblé envoie son aide de camp visiter les établissements de Styrie, pour qu'il puisse s'y rendre compte de la fabrication des canons.

Non seulement il remplit sa mission avec la conscience et l'ardeur que nous lui voyons développer en toutes occasions, mais encore il accomplit plus que son devoir. On lui a demandé son appréciation, et il rapporte sur sa monture, qu'il en a chargée, et qu'il conduit à la main, des spécimens précieux qui serviront de preuves à ses assertions. Il dépose aussi, à la suite de cette mission, un rapport détaillé sur toutes les opérations qu'il lui a été donné de suivre, pendant ses visites aux usines. Et si complet, si clair est son travail que Monge et Berthollet, consultés par le général Eblé, ne savent quels compliments adresser à l'auteur du mémoire. Il n'est pas jusqu'au général Moreau qui voulut que précieusement fut conservée une pièce considérée par lui comme étant d'une importance capitale.

L'année suivante, Drouot suivit à Paris le général Eblé. Trouvant bientôt des loisirs dans ce service d'état-major, il se hâte de chercher une occupation, et ce ne fut pas un mince étonnement, pour les élèves qui suivaient le cours de Vauquelin, le célèbre chimiste, que de voir assidûment s'asseoir à côté d'eux, sur les bancs de l'école, ce jeune homme presque de leur âge, portant déjà les galons de capitaine.

Il ne resta pas longtemps d'ailleurs à Paris, et après avoir accompagné le général Eblé dans une tournée d'inspection, il demanda bientôt à être nommé directeur du parc d'artillerie de la Fère, en même temps que capitaine d'habillement. C'est pendant qu'il remplissait ces dernières fonctions qu'il lui arriva l'aven-

ture que raconte son compatriote, M. Jules Nollet :
« Drouot eut à recevoir la visite de ses fournisseurs.

Fig. 10. — Bataille de Hohenlinden (1800), d'après le tableau de Schopin.
Musée de Versailles.

Un jour, un de ces derniers se présenta chez lui et, après avoir causé quelques instants, il lui dit :

— Capitaine, je vous prie de vouloir bien accepter ce petit souvenir; et il lui présentait un billet de six cents francs. Comme le capitaine semblait ne pas comprendre, le fournisseur ajouta :

— C'est l'habitude; toujours vos prédécesseurs ont accepté.

— Comment, répliqua Drouot, vous pouvez faire ainsi des cadeaux, sans que cela nuise à vos affaires?

— Mais, capitaine...

— Eh bien, gardez ces six cents francs et mettez sur la facture de mon régiment que vous avez reçu cette somme à compte sur vos fournitures. »

Drouot apprend bientôt qu'une nouvelle guerre se prépare, et la seule pensée que d'autres combattraient, peut-être vaincraient sans lui, il ne peut la supporter. Ce n'est pas d'ailleurs la perspective de l'avancement à gagner, à la faveur des fréquentes batailles, qui le préoccupe. Il faut des motifs plus nobles à son cœur généreux. C'est la pensée du dévouement donné à la patrie, c'est le frisson sacré qui saisit l'âme quand le vent de la mort souffle dans les plis du drapeau; c'est l'exemple du courage et de la bravoure à donner aux guerriers dans quelque coup de main intrépide : c'est tout cela qu'il regrette. Alors celui qui jamais ne sollicita, demande comme une faveur de faire partie de l'expédition projetée.

Il ne reçoit pas de réponse. Un moment, nous le trouvons presque découragé, et le chagrin qu'il éprouve éclate dans la lettre suivante qu'il adresse à un de ses amis :

23 nivôse an XII.

« Mon cher ami,

« Nous sommes ici comme morts ou à peu près : dix compagnies du régiment, fortes de trente hommes chacune, sous-officiers compris, composent le bataillon de paix ; ce bataillon a reçu ces jours derniers l'ordre de se rendre à Brest, mais il a reçu contre-ordre quelques heures après. Jusqu'ici j'avais conservé l'espérance de servir activement, ma compagnie est la deuxième à marcher, et, quoique très faible, elle était encore très présentable ; elle avait encore ses sous-officiers, caporaux, artificiers, premiers canonniers ; mais une décision du ministre vient de m'ôter tout espoir ; on va prendre les premiers et seconds canonniers pour compléter les compagnies qui font partie de l'expédition, et je vais rester ici avec les sous-officiers, caporaux et artificiers. On ne peut se figurer quelle peine me fait ce délabrement. »

Mais ses désirs sont enfin exaucés, et Bonaparte, voulant réduire Saint Domingue, où le nègre Toussaint Louverture commandait en dictateur intelligent et zélé, résolut d'y envoyer une armée de 25,000 hommes, sous les ordres du général Leclerc.

Drouot fit partie de cette expédition.

Pendant toute la traversée il souffrit horriblement du mal de mer qui le terrassa sans relâche. Ce n'était que lorsque des vaisseaux ennemis se montraient à l'horizon, que le branle-bas de combat était commandé, que le bruit du canon se faisait entendre, que Drouot, subitement électrisé, retrouvait son énergie et sa vigueur. Sans plus conscience de son mal, il se précipite alors à la voix amie du canon; ses ordres sont donnés d'une voix ferme et ardente, et le malade de tout à l'heure fait place à l'héroïque capitaine de maintenant.

Dans ces temps de luttes à outrance et de guerres continuelles, le soldat ballotté du Nord au Sud, de l'Est à l'Ouest, ne trouvait aucun repos. Drouot avait passé successivement de l'armée du Rhin à celle de Sambre et Meuse, avait lutté en Italie, sans que, dans l'intervalle d'une campagne à une autre, il eut pu aller embrasser son père et sa mère. Mais que de fois, dans les climats divers, sa pensée s'envola vers l'humble maison de Nancy, où s'écoulait la vieillesse de ses parents, au milieu de l'affection de ses frères et sœurs. Que de fois il dut éprouver un sentiment d'amer regret de n'être pas, lui aussi, près de ces chères créatures, et, au milieu de sa vie agitée, dans tout le brillant de sa carrière rapide, qui sait s'il ne souhaita pas quelquefois, au moins un instant, troquer le brillant uniforme de capitaine contre l'humble vêtement d'un de ses frères.

Fig. 11. — Toussaint Louverture.

Il était retourné cependant (avant l'expédition des Antilles) dans la ville natale, appelé près de son père mourant. Avec quelle émotion il revit tous les lieux où s'était passée son enfance! avec quelle joie le vieillard embrassa son fils bien-aimé! Quelle magnifique récompense d'une vie toute de travail et d'honnêteté que la mort douce et sereine du boulanger!

Près de lui se tenait la compagne de sa vie, celle qui avait partagé avec lui tous les labeurs et les peines de chaque jour, qui l'avait encouragé dans les moments de lassitude. Autour du lit étaient rangés les enfants et les petits-enfants, dans ce silence solennel qui plane sur les derniers moments d'un mourant. Tous regardaient avec un respectueux amour le visage plein de quiétude de cet homme de devoir, que le sentiment de l'accomplissement entier de sa tâche soutenait dans la dernière épreuve. Quand parfois le mourant ouvrait les yeux, il voyait, comme la couronne de sa vie, tous ces enfants qu'il avait élevés dans les principes de l'honneur et de la foi.

Ses yeux allaient de l'un à l'autre et, avec complaisance, se fixaient sur le capitaine, dont les yeux avaient peine à retenir ses larmes. O admirable spectacle que le passage de la vie à l'éternité du chrétien fidèle! fin grandiose d'un humble artisan!

Dans les nuits qui précédèrent la mort de son père,

Drouot refusa de quitter la chambre où il reposait, le veillant sans relâche, et ce fut le capitaine qui, au moment où on administra les derniers sacrements, répondit aux versets sacrés que récitait le vicaire.

La douleur que Drouot ressentit, quand il contempla son père étendu sur son lit de mort fut très vive et très profonde, mais, chrétien, il se consola en se rappelant les paroles de l'Apôtre : « Ne pleurez pas, mes Frères, comme ceux qui n'ont pas d'espérance. »

CHAPITRE IV.

Drouot, directeur de la manufacture d'armes de Maubeuge. — Ses tribulations. — Il est envoyé à Charleroi. — Drouot en Espagne. — Bataille de Wagram. — *Il est nommé baron de l'empire.*

Le général Gassendi ayant proposé au ministre de la guerre d'envoyer Drouot, comme Directeur de la manufacture d'armes de Maubeuge, celui-ci fut nommé chef de bataillon au 4º régiment d'artillerie à pied. Il alla rejoindre son poste, mais l'année qu'il fut obligé de passer dans cette situation fut pour lui un temps d'épreuves et de tristesse.

Obligé de veiller aux livraisons de fer forgé qu'on faisait aux arsenaux, il voyait ses réclamations sur la qualité de la marchandise n'être pas prises en considération, et recevait parfois ensuite des reproches dont l'injustice navrait son cœur loyal. Nous avons de lui un fragment de lettre qui montre bien, à la fois, et son ennui de n'être plus au rang des combattants, et toute la peine que lui fait ressentir sa situation à Maubeuge :

« Je ne cache pas, écrit-il, que si l'on devait continuer à employer des fers de médiocre qualité, ou si d'autres causes s'opposaient à la bonne qualité des armes, j'abandonnerais le métier. Puisque je n'ai pas pu obtenir la faveur d'aller à l'armée, j'aimerais mieux donner ma démission et aller servir avec honneur, comme soldat, que d'être exposé à recevoir ici des reproches. »

Mais, le 5 septembre de la même année, Drouot était envoyé comme inspecteur à la manufacture d'armes de Charleroi, au moment où ses efforts à Maubeuge allaient être couronnés de succès. Il ressentit une nouvelle tristesse de ce changement imprévu.

« Depuis longtemps, écrivait-il à ce sujet, j'espérais sortir des manufactures, et au moment où je croyais mes vœux prêts à être exaucés, je suis envoyé dans un autre établissement.

« Vingt-deux mois d'un travail opiniâtre et d'une surveillance constante m'avaient fait connaître parfaitement la manufacture de Maubeuge. La fabrication des armes était arrivée, non pas à la perfection, mais à un état satisfaisant; l'harmonie, l'union régnaient entre les chefs et les subordonnés, et, chaque jour, j'avais la satisfaction de voir que tous secondaient mes efforts pour arriver au mieux.

« Si mon changement m'a fait quelque peine, je dois avouer que mon amour-propre a été bien flatté des regrets de toute la manufacture. »

Pendant son séjour à Maubeuge, Drouot avait été victime d'un accident qui avait failli lui coûter la vie. Un matin, il était sorti à cheval pour visiter une usine. Comme toujours, il avait emporté un livre, et laissait sa monture aller à sa guise, sans même tenir les rênes. Il allait, absorbé dans sa lecture, quand, tout à coup, son cheval butte, tombe, et entraîne sous lui son cavalier, dont le pied reste dans l'étrier. Le cheval se

Fig. 12. — Officier d'artillerie à pied.

relève, précipite sa course, et traîne le commandant sur un long parcours, ne s'arrêtant enfin qu'une fois arrivé à la porte de la caserne. Ce fut miraculeusement que Drouot fut sauvé, car s'il n'avait eu dans les basques de sa tunique un paquet de lettres qui empêcha la tête de porter à terre, les soldats qui accoururent pour secourir leur chef n'eussent relevé qu'un cadavre.

Une fois à Charleroi, Drouot subit une épreuve qui devait être sensible à sa loyauté. Son successeur, mû par on ne sait quel sentiment de jalousie ou de haine, feignit de trouver de mauvaise qualité les fusils qu'avait acceptés Drouot, et les fit détruire, comme incapables de service.

C'était flétrir la gestion de Drouot et lui causer le plus grand tort auprès de ses chefs hiérarchiques. Heureusement que le ministre, après une enquête, reconnut le manque de bien-fondé des accusations portées contre l'ancien commandant; et ordonna que les fusils détruits fussent reconstruits aux frais mêmes de celui qui les avait fait supprimer.

Drouot n'en subit pas moins une peine très grande de l'injustice de son successeur à son égard. Lui qui avait l'âme haute et fière ne pouvait comprendre les petitesses ni les basses vengeances. Il fut très affecté de cet incident et nous en avons la preuve dans la lettre qu'il écrivit à un de ses amis sur ce sujet :

« J'avais conçu le plus sincère attachement pour la manufacture de Maubeuge ; j'avais eu à me louer des officiers, des contrôleurs, des ouvriers ; l'entrepreneur allait au-devant de mes désirs, et lorsque mes demandes contrariaient ses intérêts, il se résignait de bonne grâce ; je devais donc de m'attacher à un établissement où j'avais reçu de tous des preuves d'affection.

« Je n'ai pu apprendre sans chagrin que ce même établissement était aujourd'hui plongé dans la désolation, que les ouvriers manquaient d'ouvrage, mouraient de faim.

« Ceux qui les ont amenés en cet état avaient sans doute de bonnes raisons pour le faire, je ne les accuse pas, mais n'ai-je pas le droit de me plaindre qu'ils aient oublié à mon égard toutes les convenances, qu'ils aient porté des plaintes contre ma gestion, qu'ils m'aient accusé d'avoir négligé la fabrication, et qu'ils aient poussé l'oubli de toute bienséance jusqu'à faire briser des armes qui ne pouvaient l'être que par l'ordre du ministre et après l'examen le plus réfléchi d'une commission déléguée par Son Excellence?

« Il faut certes avoir une grande envie de se venger d'un officier qui n'a jamais eu d'autre tort envers eux que d'avoir été détaché d'une manufacture où il était fort tranquille pour aller faire partie d'une commission désignée pour les mettre d'accord.

« J'ai écrit à M. le général Gassendi, je lui ai exposé ma conduite à Maubeuge sans chercher à prolonger ma justification.

« Je crois avoir prouvé que je ne méritais pas tous les reproches qu'on me faisait, mais je crois aussi avoir laissé apercevoir tous les chagrins que j'éprouvais de me voir accuser de négligence lorsque j'ai pendant plus de quinze mois donné quinze heures par jour à mon service et lui ai consacré toutes mes pensées, toutes mes facultés.

« Comment Y..., qui disait dans les premiers jours de janvier, *je n'ai eu à faire aucun changement à Maubeuge, parce que j'ai trouvé tout sur le meilleur pied,* comment a-t-il pu trouver tout mauvais en mars? »

Nommé major en 1807, ce ne fut qu'après un nombre considérable de démarches que Drouot put enfin prendre du service actif au commencement de 1808. Il fut envoyé en Espagne.

Ce n'est point ici le lieu de raconter cette guerre et de la juger. Elle reste dans l'histoire comme une tache sur la gloire de Napoléon. A la suite d'intrigues sans nombre le vainqueur avait ordonné de faire venir de Madrid à Bayonne tous les princes espagnols qui étaient restés dans la capitale.

Les Madrilènes se révoltèrent contre les Français qui résidaient dans leur ville. Chaque place fut bientôt remplie d'émeutiers, et le peuple en furie se jeta sur chacun des officiers ou des soldats isolés qu'il rencontra. Ce jour-là, Drouot ne put échapper à la mort que par une série de circonstances où la Providence se montra d'une façon indiscutable.

Drouot remplissait à Madrid les fonctions de Directeur général des parcs d'artillerie et faisait partie de l'état-major du général de la Riboisière.

L'insurrection ayant gagné toute l'Espagne, le général Dupont, qu'on avait envoyé en Andalousie, fut obligé de se replier sur Baylen et, après avoir demandé et obtenu une suspension d'armes, capitula bientôt.

Ce fut le feu mis aux poudres. Avec une exaltation extrême, les Espagnols reprirent un courage qui les avait abandonnés, et l'armée française ne put rester à Madrid. Une retraite dans les provinces du Nord était indispensable au salut de l'armée, mais ce qu'il fallait, avant de quitter la capitale, c'était en enlever les armes qui y étaient accumulées.

Drouot montra encore dans cette circonstance une fermeté et un courage à toute épreuve. Sans perdre une minute, il réquisitionna tous les moyens de transport qu'offrait la ville pour emporter les munitions et l'artillerie. Mais les voitures manquèrent bientôt et il fut obligé de détruire tout ce qu'il ne put enlever.

Après s'être rabattu jusqu'à Miranda, l'armée attendit que Napoléon eût terminé les affaires qui le retenaient loin d'elle. Pendant les jours qui suivirent, Drouot s'empressa de réorganiser l'artillerie. Nous le voyons ensuite visiter les places de Bayonne, de Pampelune, de Saint-Sébastien. Il venait au surplus d'être nommé, en raison des services signalés qu'il avait rendus à Madrid, major dans la garde impériale.

Revenu de sa tournée d'inspection au commence-

Fig. 13. — Dragons d'Espagne, d'après Raffet.

ment de septembre, Drouot trouva l'empereur qui venait se mettre à la tête des troupes pour reprendre Madrid et soumettre l'Espagne.

Le 3 décembre, Napoléon était devant Madrid, après avoir défait le général espagnol don Benito de san Juan à Somo-Sierra. Le peuple était frénétiquement résolu à défendre la ville. Les paysans mêmes se mêlaient aux défenseurs.

Les premières sommations qui furent faites aux assiégés furent repoussées avec indignation. Il fallait avant tout, pour le succès de l'entreprise, que nous reprissions le Buen-Retiro, château converti en parc d'artillerie, où les munitions et les armes étaient en grand nombre. Drouot fut appelé avec les batteries qu'il avait sous ses ordres, et un feu nourri fut dirigé sur ce point. La sûreté du tir, la promptitude et la vigueur de l'attaque furent tels que nous fûmes bientôt maîtres du Retiro et que deux jours plus tard, après s'être emparé de chaque barricade défendue héroïquement par les Madrilènes, notre armée était de nouveau victorieuse et maîtresse de la ville.

Soult resta seul en Espagne pour finir de soumettre le pays et Drouot revint en France avec Napoléon qui se préparait à commencer une nouvelle guerre contre l'Autriche.

« Ce fut dans une revue à Schœnbrunn, dit le général Ambert, dans la biographie qu'il écrivit de notre héros, que le regard de Napoléon se fixa sur Drouot. Il avait remarqué ce chef de corps qui se tenait constamment à l'écart et qui travaillait mieux et plus que tout autre.

« L'empereur examinait en détail le personnel et le matériel de l'artillerie à pied de la garde; ses questions très précises recevaient de Drouot des réponses brèves, nettes et vraies. Puis le souverain, qui avait profondément étudié l'arme de l'artillerie, amena la conversation sur la tactique, et, se laissant entraîner par le sujet, il en vint à la stratégie. Il parla de l'organisation des armes spéciales, et Drouot répondait toujours, jetant sur les questions une vive lumière. Surpris d'abord et bientôt ébloui, Napoléon fixa sur Drouot un profond regard, sans prononcer une parole. Mais l'homme était jugé; l'empereur avait mesuré sa taille. »

Quelques jours après eut lieu la bataille de Wagram, et ce fut au moment décisif que Napoléon donna l'ordre

Fig. 14. — Napoléon prescrit aux députés de la ville de Madrid de lui apporter la soumission du peuple (4 déc. 1808).
Tableau de Carle Vernet, Musée de Versailles.

« Si dans une heure, à cette montre (Duroc tenait la sienne à la main), vous ne m'apportez pas la soumission du peuple, vous serez tous passés par les armes. »

à Drouot d'écraser le centre ennemi qui avait d'abord gagné du terrain et pénétré jusque dans Essling. A 4 heures du matin la bataille avait commencé,

Fig. 15. — Bataille de Wagram. Tableau d'Horace Vernet. Musée de Versailles.

et à 11 heures seulement, la batterie de Drouot, composée de cent canons, était établie devant l'armée autrichienne. Immédiatement, le feu commença, épouvantable. En vain la cavalerie ennemie se précipita plusieurs fois pour s'emparer de la batterie, elle ne put jamais arriver jusque-là, le terrain étant balayé par les biscaïens et les boulets.

Drouot se multipliait, encourageant du geste et de la voix ses braves canonniers.

« Combien de fois, lit-on dans un journal anglais de cette époque, Drouot et ses canonniers ont décidé le sort d'une journée ; ses cinquante ou soixante pièces qui, d'après des témoins oculaires, semblaient vomir le feu pendant qu'on les voyait lancées en plein galop, balayaient les derniers restes de l'opiniâtreté russe ou de la bravoure autrichienne et décidaient du succès du jour. »

A 4 heures de l'après-midi seulement, la bataille était gagnée ; l'archiduc Charles opérait sa retraite ; mais, malheureusement, sans que Drouot pût s'emparer de son artillerie.

Nommé officier de la Légion d'honneur à la suite de cette action d'éclat, Napoléon lui conféra, en 1810, le titre de baron de l'empire.

A son retour en France, nous trouvons encore à admirer, pendant le temps que passa son régiment en garnison à Vincennes, un fait d'une haute morale dont il convient de le féliciter d'autant plus qu'il montrait de sa part autant de bravoure qu'il en dé-

Fig. 16. — Bivouac de Napoléon sur le champ de bataille de Wagram.
Tableau de Roehn. Musée de Versailles.

veloppa jamais sur les champs de bataille. On avait, à cette époque, des idées très fausses sur certains principes contraires à la religion et à la morale, principes qui, à la suite de la Révolution, semblaient admis et respectables. Le suicide était de ceux-là : il semblait logique qu'un homme eût le droit d'attenter à sa vie. Deux fois Drouot eut la douleur d'apprendre le suicide d'un des soldats soumis à ses ordres. Sentant, après le second attentat, la révolte de ses sentiments chrétiens et moraux l'emporter sur toute autre considération, il ordonna que les honneurs militaires ne seraient pas rendus à celui qui avait déserté son poste. C'est sans doute le souvenir de cet ordre de Drouot qui, il y a deux ans à peine, inspirait le même ordre du jour à un colonel de notre armée, qui défendit, dans les mêmes conditions, aux hommes de son régiment, de suivre le cadavre d'un des leurs. Il s'agissait aussi d'un soldat trop faible pour supporter les peines dont il souffrait, et qui avait trouvé plus simple de s'en affranchir avec une cartouche.

Drouot fut réprimandé pour ce fait, mais nul doute que la peine qu'il ressentit du désaveu de ses chefs ne fût complètement effacée par le sentiment du haut devoir accompli. Quand il se trouva seul avec Dieu et sa conscience, de quel poids minime lui semblèrent les décisions humaines, puisqu'elles ne s'appuyaient pas sur les principes immuables et éternels de la religion et de la morale.

Tel, au surplus, nous le trouvons dans les camps, tel nous le voyons à la caserne, s'occupant de tout, veillant au bien-être de ses troupes, alliant à la sévérité indispensable aux armées, la justice qui rend à chacun selon ses œuvres, préparant toujours la guerre du lendemain, marchant sous l'œil de Dieu, comme autrefois le chevalier Bayard, sans peur et sans reproche.

CHAPITRE V.

Guerre de Russie. — Retraite. — Énergie de Drouot. — Passage de la Bérésina. — Élévation successive de Drouot.

La guerre était déclarée contre la Russie : 400,000 hommes avaient fait irruption sur le territoire de l'ennemi, et avec cette armée éprouvée, Napoléon ne pouvait douter de la victoire. Le Niémen franchi, les troupes s'étaient précipitées vers la Wilia, qui, venant de Vilna, se jette à Kowno dans le Niémen, mais la violence du courant empêcha le passage.

Drouot était près de l'empereur, comme colonel de l'artillerie de la garde, le jour de la fameuse bataille de la Moskowa.

Napoléon, sentant le besoin d'électriser ses troupes, leur adressa, la veille du combat, la harangue suivante :

« Soldats, voilà la bataille que vous avez tant désirée! Désormais la victoire dépend de vous; elle nous est nécessaire, elle nous donnera l'abondance, de bons quartiers d'hiver, et un prompt retour dans la patrie! Conduisez-vous comme à Austerlitz, à Friedland, à Vitepsk et à Smolensk! et que la postérité la plus reculée cite votre conduite dans cette journée; que l'on dise de vous : Il était à cette grande bataille sous les murs de Moscou! »

Le matin du jour où il doit vaincre, l'empereur se sent tout ému, et, chose extraordinaire, remarquée par tous ses généraux, il éprouve le besoin de se convaincre lui-même de l'issue favorable de la bataille qui va commencer.

— Croyez-vous à la victoire? demande-t-il à Rapp. — Sans doute, répond le général, mais sanglante.

Rapp devait lui-même éprouver la vérité de ses prévisions. Appelé pour remplacer Caulaincourt, blessé, dans le commandement d'une aile, il tombe bientôt lui-même, atteint de sa vingt-deuxième blessure.

Murat, surtout, fit ce jour-là des prodiges de valeur. Les cavaliers ennemis l'entourent à un moment. Déjà ils vont se saisir de lui quand il leur échappe et se jette dans la redoute où il ranime les courages abattus.

On le suit de nouveau à l'attaque des troupes de Kutusof.

Le soir vient cependant, et, mettant à profit un sursis sur lequel il n'espérait pas, le général russe, déjà en pleine déroute, reforme ses lignes. Le combat

Fig. 17. — Bataille de la Moskowa (1812), d'après le tableau de Langlois.
Musée de Versailles.

recommence meurtrier. Le sol glacé est couvert de cadavres raidis. L'indécision remarquée de Napoléon étonne ses généraux et les rend eux-mêmes perplexes. Heureusement que Ney et Murat, pleins d'ardeur, communiquent à tous le courage qui les anime. Un colonel commande à ses troupes de battre en retraite.

— Que faites-vous? lui crie le roi de Naples. — Vous

voyez bien qu'on ne peut plus tenir ici, lui répond le colonel, en lui montrant la terre couverte des cadavres de ses soldats. — Eh! j'y reste bien, moi, répond Murat. — C'est juste, réplique le colonel... Soldats! face en tête! Allons nous faire tuer.

Une série de combats partiels dont l'issue est heureuse décide enfin d'une victoire qui laissait sur le champ de bataille vingt mille blessés.

M. le général, comte de Ségur, nous fait, dans ses mémoires, le tableau suivant de la fin de ce combat sanglant : « L'empereur parcourait alors le champ de bataille; jamais aucun ne fut d'un si horrible aspect. Tout y concourait : un ciel obscur, une pluie froide, un vent violent, des habitations en cendres, une plaine bouleversée, couverte de ruines et de débris;... partout des soldats errant parmi des cadavres;... d'horribles blessures, car les balles russes sont plus grosses que les nôtres; des bivouacs silencieux, plus de chants, point de récits, une morne taciturnité. »

Drouot, pendant cette journée mémorable, avait fait des prodiges de valeur. A un moment, la grande redoute formant le point qu'il fallait quand même enlever, Napoléon donna à Drouot l'ordre de faire le nécessaire. Deux cents canons foudroyèrent les Russes. Quelques heures plus tard encore, quand il fallut

Fig. 18. — Misères de la guerre (1812). Lithographie de Charlet.

démolir l'armée ennemie qui reculait, nous retrouvons Drouot. Napoléon, profitant du jour qui restait, ordonna de mitrailler et on vit alors 400 bouches à feu jeter l'épouvante et la mort dans les rangs des adversaires

Le soir même, Drouot recevait la croix de commandeur de la Légion d'honneur.

Dieu qui, dans ses éternels desseins, avait permis à un homme que la victoire suivît toutes ses campagnes, s'était détourné de lui. Il allait envoyer au grand vainqueur les épreuves et les désastres. Comme pour empêcher qu'il oubliât la faiblesse inhérente à la nature humaine, il avait résolu d'établir un contraste frappant entre la prospérité inouie qu'il avait goûtée pendant tant d'années et les calamités qui allaient fondre sur lui.

Encore une fois la grande parole de Massillon allait trouver son application :

« Dieu seul est grand!... »

Deux fois Napoléon eut l'occasion de traiter avec les Russes avant d'être obligé de battre en retraite, deux fois il la refusa, et bientôt commença cette fameuse retraite de Russie, qui reste une des pages les plus lamentables de notre histoire.

Laissons ici la parole à un de nos grands historiens.

Le froid augmentait : la grande neige arriva (9 novembre), la neige sèche avec la forte gelée et des tourbillons de vent glacé. Par une imprévoyance inouïe, nos régiments avaient laissé dans les magasins de Dantzig leurs vêtements les plus chauds, et un petit nombre de nos hommes avaient gardé les fourrures trouvées à Moscou. Ce qu'on avait emporté de vivres était consommé : On vivait des chevaux qui mouraient et d'un peu de farine délayée dans de l'eau ; on n'avait ni tentes ni abri durant les nuits, qui devenaient de plus en plus cruelles. L'égoïsme des grandes calamités gagnait d'heure en heure : l'instinct aveugle de la conservation étouffait le sentiment du devoir militaire chez une foule de malheureux abêtis par la faim et le froid. Quand on eut passé Dorogobouge, il restait à peine 30,000 hommes sous les armes et faisant le service.

Et les souffrances deviennent plus âpres pour les troupes, en même temps que pour les chefs s'impose le devoir plus impérieux de ranimer quand même les courages qui chancellent.

Drouot se montra, dans ce désastre, incomparable d'exemple et de fermeté.

« Chaque matin, lisons-nous dans *l'Éloge funèbre*

du général Drouot par le R. P. Lacordaire, on le voyait en plein air, comme s'il eût été sous le ciel de Naples, ôter son uniforme. Il ouvrait le col de sa chemise, appendait un miroir à l'affût d'un canon, se faisait la barbe et se lavait le visage devant toute sa troupe. Il n'y manqua pas un seul jour, à quelque degré douloureux que la température descendît. »

Nous trouvons encore dans le livre du général Ambert sur Drouot, les deux magnifiques pages suivantes qui nous montrent bien notre héros n'abandonnant pas un instant ses pratiques religieuses, et, au milieu des calamités horribles qui l'entourent, puisant dans la prière la force qui l'anime.

« Pendant cette retraite de Russie, au milieu d'une froide nuit, l'empereur se leva et sortit. L'obscurité régnait partout; la neige amoncelée enveloppait comme un vaste linceul les champs, les arbres et les masures abandonnées. Vainement le regard interrogeait-il l'horizon, rien ne se montrait, rien ne se laissait deviner. Un morne silence attristait l'âme. Le pas monotone des sentinelles et cette insaisissable rumeur des bivouacs, rêve plutôt que réalité, venaient de minute en minute rappeler que dans cette neige et ce brouillard il y avait une armée. Tout dormait.

« Après une solitaire méditation, l'empereur, ne pouvant résister plus longtemps à la bise glaciale, se disposait à rentrer sous le chaume qui lui servait de palais. Il avait cependant lutté contre les éléments; mais lui, le vainqueur du monde, était vaincu. Sa capote grise ramenée sur sa poitrine, le large manteau de guerre qui l'enveloppait, étaient impuissants, et l'homme le plus fort ne pouvait que se soumettre et attendre le jour avec résignation.

« Les vieux grenadiers de la garde, en faction depuis une heure, marchaient rapidement devant la porte de la cabane, dans un religieux silence. C'étaient des corps bronzés venus des Pyramides à la Bérésina, et qui méprisaient la souffrance et la mort. Cependant ils tremblaient de froid, et pouvaient à peine secouer leurs fronts inondés de neige.

« De temps à autre les deux sentinelles s'arrêtaient, et, comme par un mouvement instinctif, dirigeaient les yeux vers le même point. C'était une masse informe, dans un lointain peu éloigné, un hameau sans doute masqué par un mouvement de terrain ou quelques murs en ruine; à travers l'atmosphère épaisse et lourde on croyait apercevoir une faible lueur briller comme la flamme d'une lampe.

« Les yeux de Napoléon suivirent les regards de ses grenadiers. Surpris d'abord, l'empereur fit quelques pas en avant. Sa tête, inclinée sur sa poitrine, se releva, ses yeux brillèrent d'un éclat de bonheur, et sa bouche murmura : Il y a donc encore des hommes forts?

« La journée de la veille avait été rude cependant, et celle du lendemain devait être plus rude encore. Napoléon ne pouvait détacher son regard de ce point lumineux. Superstitieux à cette heure terrible de la défaite, il croyait voir une étoile du ciel, cette étoile qui guide le naufragé vers le rivage.

« Napoléon rentra précipitamment et donna un ordre. L'officier de service accomplit sa mission et revint bientôt après : « Sire, dit-il, c'est le colonel « Drouot qui travaille et prie Dieu. »

« Aux premières lueurs du jour, Drouot était à cheval et combattit jusqu'au soir. Napoléon ne lui adressa pas la parole. Ceci se passait dans les premiers jours de décembre 1812. Le mois suivant,

Drouot était nommé général et aide de camp de l'empereur.

« Lorsqu'il alla remercier Napoléon de cet avancement et de l'honneur qui lui était fait, celui-ci dit : « Vous êtes énergique, Drouot? — Sire, répondit le « général, je ne crains ni la mort, ni la pauvreté; je « ne crains que Dieu : voilà toute ma force. »

« Le maréchal Ney, qui était présent à cette entrevue, dit en souriant : « Sire, le général Drouot est pro-« clamé *le sage de la grande armée.* » Napoléon ajouta : « le nom lui en restera. »

Et la retraite continue. On arrive à la Bérésina et là se passe une scène épouvantable dont nous rapportons le récit saisissant :

Une effroyable confusion régnait derrière lui aux abords des deux ponts. La masse des blessés, des soldats débandés et des fugitifs de Moscou n'avait pas profité, aussitôt qu'elle l'aurait pu, de la construction des ponts. Ces malheureux affamés, écrasés de fatigue, trouvant quelques abris et quelques vivres à Studianka, s'étaient comme abattus par milliers autour de grands feux, et ils étaient demeurés longtemps là, sans bouger, sans écouter, sans même entendre les injonctions qu'on leur faisait de partir. Une partie avait fini par passer; mais il en restait encore un très grand nombre. Quand les boulets russes, passant par-dessus les troupes de Victor, commencèrent à tomber au milieu de cette foule, il y eut des scènes d'horreur impossible à décrire. La multitude, à pied ou en voitures, se précipita pêle-mêle vers les deux ponts, les pontonniers repoussèrent les voitures de celui des deux ponts qui ne pouvait porter que des piétons ou des cavaliers. Les deux colonnes de fuyards qui se ruaient vers les deux ponts se mêlèrent, s'étouffèrent, s'écrasèrent dans un épouvantable désordre. Les voitures se brisaient : les chevaux furieux bondissaient, renversant et piétinant tout ce qui les entourait. Beaucoup de malheureux se jetaient dans l'eau ou y étaient précipités par la foule; d'autres se noyaient en essayant de passer à gué sur les glaçons.

L'année 1813 fut féconde en combats héroïques, auxquels Drouot prit une part active. C'est d'abord le 1er mai, à Posen, que nous le trouvons, puis le lendemain à Lutzen, où, sur le champ de bataille, il est nommé général de division. On en était arrivé, depuis les nombreuses années d'incessantes batailles, à comprendre enfin l'importance considérable de l'ar-

Fig. 19. — Retraite de Russie. Tableau d'Ary Scheffer.

tillerie dans les affaires et le rôle de Drouot augmentait d'autant.

Le 12 mai, il donne à Bischofswerda; le 21, à Würtschen; le 22, à Bautzen, où il montre une extraordinaire vigueur contre l'énorme armée russo-prussienne, que commandait l'empereur Alexandre et qui comprenait 160.000 hommes.

En 1813, le 10 octobre, Drouot prend encore part au combat de Wachau, et termine l'année en faisant des prodiges de valeur dans la sanglante affaire de Hanau.

Hanau composait un défilé qu'il fallait franchir à tout prix pour arriver à Mayence. L'heure était solennelle : Vaincre ou mourir, c'étaient les deux seules alternatives qui se présentaient aux 80,000 hommes qui composaient notre armée.

Drouot a raconté ce combat, et que faire de mieux que de lui laisser la parole ?

« Notre avant-garde avait déjà été repoussée plusieurs fois, quand Sa Majesté m'appela et me dit : Drouot, allez voir ce qu'il y a à faire. Je me portai immédiatement sur les lieux, et, au milieu d'un feu incessant, je découvris un chemin vicinal qui aboutissait à la grande route et pouvait faire arriver l'artillerie ; je retournai vers l'empereur.

— Sire, l'ennemi nous mitraille avec une forte batterie, donnez-moi cinquante pièces de canon et j'espère que nous passerons.

— Allons voir, dit l'empereur.

« Arrivés sur les lieux, les boulets et la mitraille brisaient autour de nous les arbres de la

Fig. 20. — Bataille de Hanau (30 octobre 1813). D'après Horace Vernet.

forêt et menaçaient gravement le groupe de reconnaissance.

— Sire, dis-je alors à l'empereur, ce n'est pas ici votre place, accordez-moi seulement ce que je vous ai demandé.

« Les ordres sont donnés, je mets en position deux pièces presqu'aussitôt démontées par l'ennemi ; j'en fais avancer dix autres ; grâce à leur feu actif et bien dirigé, elles parviennent à ralentir celui des Bavarois et j'en profite pour installer mes cinquante pièces ; bientôt les boulets et la mitraille pleuvent sur la batterie ennemie, la mettent en désordre et éteignent son feu.

« Je croyais en avoir fini avec les Bavarois, quand une charge de cavalerie est ordonnée pour arrêter, s'il se peut, le feu de notre artillerie. Je commande à mes canonniers de laisser venir, et lorsque l'ennemi est à portée du mousquet, une horrible mitraille de cinquante pièces tirées à la fois détruit en grande partie le corps de cavalerie qui se précipitait sur nous. Alors l'armée française s'ébranle, elle s'élance, la baïonnette en avant, renverse les derniers obstacles, et franchit le défilé que l'artillerie vient de lui ouvrir, en passant sur le ventre des Bavarois. »

Le 24 octobre précédent, Drouot avait été nommé comte de l'Empire.

Sans doute, toutes ces faveurs eussent pu enorgueillir une âme moins noble que la sienne, et eussent risqué de compromettre cette chrétienne humilité qui avait fait jusque-là l'admiration de tous. Il n'en fut rien, et il n'en resta dans son cœur qu'un seul sentiment de reconnaissance envers celui qui lui prodiguait tardivement ces titres tant désirés par

Fig. 24. — Drouot à la bataille de Hanau. D'après un bas-relief du monument élevé par la ville de Nancy.

ses compagnons. Aussi écrit-il à ce sujet dans les notes qu'il avait préparées pour sa biographie :

« Les marques d'estime, de confiance et d'affection que l'Empereur m'a constamment données ont fait la gloire et le bonheur de ma vie; elles resteront éternellement gravées dans mon cœur, ainsi que le souvenir des bienfaits dont il m'a comblé. »

Tous les combats importants de 1813 avaient trouvé Drouot à son poste, et le plus périlleux; l'année 1814 nous le montre de même toujours sur la brèche. Sa valeur et sa science de la balistique et de la tactique furent si remarquables et si extraordinaires que, plus tard, sur le rocher de Sainte-Hélène, quand il jugea de loin, c'est-à-dire mieux, les hommes qui l'avaient entouré et qui avaient si bien secondé son génie guerrier, Napoléon disait :

— Il n'existe pas dans le monde deux officiers pareils à Murat pour la cavalerie et à Drouot pour l'artillerie.

C'est à Brienne, en janvier 1814, que Drouot accomplit encore des prodiges; c'est le 30 du même mois, à la Rothière, qu'il parvient par sa valeur et son habileté à assurer la retraite des ducs de Raguse et de Bellune.

Mais voici, à la suite de ces défaites, une victoire qui rend l'espérance à l'empereur. A Champ-Aubert, nos troupes ont battu l'ennemi. Le vaincu d'hier, celui qui avait quitté Paris déjà, laissant la régence à Marie-Louise, se reprend à espérer.

— Cent hommes comme vous, dit-il affectueusement

et avec enthousiasme à Drouot, me suffiraient pour réussir.

— Dites cent mille, sire, répondit tristement Drouot.

Mais quelle que soit sa certitude sur l'issue fatale de

Fig. 22. — Les blessés de la garde impériale, rentrant à Paris après la bataille de Montmirail, 17 février 1814. Musée de Versailles.

la suprême lutte, il se bat comme s'il espérait encore.

Les 11 et 12 février, Napoléon bat les Prussiens et les Russes à Montmirail, Drouot coopère grandement au succès. A Vauchamps, à Nangis, partout, nous le voyons à la tête de ses canonniers.

Le 25 mars a lieu le dernier combat de cette épouvantable campagne. 7,000 Français luttent contre 40,000 ennemis et, écrasés sous le nombre, succombent, entraînant la chute de celui qui, depuis vingt ans, remuait l'Europe, sans lui laisser un instant de repos.

Le soir du même jour, Drouot était nommé grand officier de la Légion d'honneur.

CHAPITRE VI.

Les adieux de Fontainebleau. — Lettre de Drouot au ministre de la Guerre. — Drouot gouverneur de l'île d'Elbe. — Sa vie à l'île. — Retour en France. — Drouot nommé pair de France.

Les jours glorieux de l'empire étaient passés et Napoléon n'était plus qu'un vaincu, obligé d'abdiquer et de quitter le territoire de la France. Celui qui semblait n'avoir pas assez à commander à l'Europe entière n'allait plus pouvoir donner ses ordres qu'aux habitants d'une petite île de la Méditerranée, l'île d'Elbe.

Drouot avait, avant tout, ancré au fond de l'âme le sentiment si élevé et si rare de la fidélité. Quand autour du César vaincu les défections se multipliaient, on le vit se rapprocher de plus en plus de celui qui l'avait appelé à ses côtés, pour ainsi dire à la dernière heure et au moment des plus grands dangers.

L'empereur Alexandre avait refusé complètement de traiter avec Napoléon et, le 2 avril, le Sénat, sans même un semblant de discussion, avait voté la déchéance, dont le décret avait été affiché dans les rues de Paris.

Les délégués des quatre grandes puissances, chargés de s'assurer du départ du vaincu, le trouvèrent à Fontainebleau. Deux généraux formaient seuls l'escorte de celui qui avait connu l'éclat des brillants états-majors, et Drouot était un de ces deux amis du malheur.

Avec 800 hommes de la vieille garde, c'était toute l'armée de Napoléon, et encore ces hommes devaient-ils rejoindre, seuls, l'île d'Elbe.

Avant le départ, Napoléon s'étant enquis du chiffre de la fortune de Drouot voulut, sur la réponse qu'elle était de 2,500 fr. de rentes, lui donner une somme de deux cent mille francs. C'est avec une énergie qui ne souffrait pas de nouvelles propositions que Drouot refusa : « Vous ne voudriez pas, Sire, dit-il, que l'on pût dire un jour que j'ai suivi Votre Majesté parce qu'elle m'avait payé pour cela. »

Napoléon comprit l'admirable sentiment de fierté

qui guidait son général, mais nous verrons plus tard qu'il n'oublia pas le noble refus de Drouot, et que ce qu'il n'avait pu lui faire accepter pendant sa vie, il le lui donna à sa mort.

Fig. 23. — Napoléon 1ᵉʳ, dans la cour du château de Fontainebleau, fait ses adieux à la garde et embrasse le drapeau. D'après le tableau d'Horace Vernet.

Ce n'est pas, au surplus, comme un rebelle au gouvernement de la France qu'il accompagna celui qu'il appelait son maître dans l'exil qu'on lui imposait, mais seulement comme ami dévoué et respectueux serviteur. Drouot dévoila bien ce sentiment dans la lettre qu'il écrivit, avant son départ, au ministre de la guerre, le général Dupont, et que nous reproduisons pour bien insister sur l'attitude de notre héros à ce moment.

Fontainebleau, 18 août 1814.

« Monseigneur,

« La reconnaissance et mon attachement pour l'empereur m'ont déterminé à suivre sa Majesté dans l'île d'Elbe. Éloigné de ma patrie, je ne cesserai de faire des vœux pour son bonheur et pour sa gloire; dans toutes les circonstances elle me trouvera prêt à me ranger parmi ses défenseurs et à verser tout mon sang pour elle.

« Je prie Votre Excellence d'être bien persuadée de mes sentiments et d'agréer mon adhésion au nouveau gouvernement.

« Drouot. »

Triste voyage que celui de l'escorte de Napoléon! Si dans les départements du Centre, les sentiments n'étaient pas hostiles à l'empereur déchu, il n'en fut pas de même quand on arriva dans le Midi de la France. On ne savait quelles injures prodiguer à celui qu'on accusait de tous les malheurs et de toutes les défaites, non plus qu'à ceux dont le dévouement au vaincu aurait dû être la sauvegarde. Dans chaque ville les outrages atteignirent Drouot, et, à Nice, au moment de s'embarquer, il ne dut qu'à un hasard providentiel de n'être pas écharpé par la foule qui l'avait assailli.

Arrivé dans l'île, après une traversée pendant laquelle il souffrit cruellement, il en fut nommé gouverneur.

Il est curieux de connaître l'existence du général à l'île d'Elbe. Quand on pense à la vie agitée des camps qu'il avait menée depuis vingt années, quand on songe aux courses folles qu'il avait entreprises à travers le monde, toujours entre deux combats, on se demande comment il pouvait passer les jours de l'exil, sur cette langue de terre où le génie de Napoléon souffrait de se sentir enfermé.

Une lettre de lui nous fixera à cet égard : « Il y a longtemps, écrivait-il après trois mois de séjour dans l'île que je n'ai passé un été aussi agréable. Je continue à mener la vie d'un anachorète, mais cette vie a pour moi les plus grands charmes; il est impossible d'être plus heureux. Je me lève de 5 à 6 heures, et jusqu'à 9 heures, je m'occupe uniquement des devoirs de gouverneur; à 9 heures je déjeune.

« De 10 à 5 heures de l'après midi, je m'occupe de l'étude des sciences; à 5 heures je dîne.

« De 6 à 8 heures, je me promène. A 8 heures, je rentre chez moi, et jusqu'à 9 heures, je lis.

« A 9 heures, je me couche, je lis dans mon lit jusqu'à dix.

« Tel est le train de vie que je mène tous les jours, je n'ai jamais été plus heureux. Joignez à cela que je jouis de la meilleure santé, que je suis bien aimé de tous ceux avec qui j'ai des relations, et vous connaîtrez ma position aussi bien que moi. Cette félicité est augmentée, les jours où j'ai le bonheur de recevoir des lettres du petit nombre de vrais amis que j'ai eu en France. »

Qui de nous à la lecture d'une semblable lettre ne ferait les plus intéressantes réflexions sur ce que le travail et la lecture ont apporté de soulagement, disons plus, de bonheur, à l'exilé! Comme nous retrouvons bien, dans le général qui n'a plus les tracas et les soucis de la guerre, le même caractère que nous voyions se développer chez le fils du boulanger, heureux, avant tout, quand on le laissait se plonger dans l'étude.

Mais il est une autre joie que devait goûter le général Drouot, et dont on trouve aussi trace dans sa correspondance, c'était celle de pouvoir, presque chaque jour, converser librement avec Napoléon.

Dans les longues sorties à cheval qu'il faisait avec l'empereur déchu et le général Bertrand, que d'intérêt il devait trouver à l'exposé des vues de son maître! Avec quelle précision ces trois hommes, dont l'un avait été l'arbitre du monde, devaient, de loin, juger les campagnes qu'ils avaient faites! Que de tristesse pour celui qui voyait mieux alors les fautes accomplies! Que de délicate attention envers le captif, de la part de Drouot, admis sur cette île abandonnée, dans la familiarité de celui qu'il avait si longtemps regardé passer dans l'auréole de sa gloire!

Il ne faudrait pas croire d'ailleurs que toute préoccupation militaire fût bannie de l'île. Napoléon qui ne pouvait se faire à l'idée de finir ses jours dans l'inaction de cet exil, formait dans le silence un petit corps de troupe et une petite marine pour le cas où il verrait le moyen de reparaître en France.

Au courant de tout ce qui se passait en Europe, il voyait, de jour en jour, grandir son espoir d'un retour qui, pensait-il, changerait la face des choses.

L'histoire nous affirme, et cela n'est pas douteux, que ni Drouot ni Bertrand ne furent mis au courant des desseins de leur maître. Napoléon lui-même nous laisse à cet égard une affirmation absolue. Seule, sa mère, qui l'avait suivi à l'île d'Elbe, fut sa confidente. Ce fut elle, sans aucun doute, qui conseilla le retour, animée du seul amour maternel, et sans le moins du monde se préoccuper de ce qui résulterait, pour la France, de l'entreprise.

Elle fut décidée. La nouvelle qu'on allait lui reprendre l'île d'Elbe et le déporter beaucoup plus loin eut raison des quelques hésitations qui purent se faire jour dans l'âme de l'empereur. Il dépêcha un exprès à Murat, avec qui il était resté en intelligences, et dut alors faire part de ses projets à ses fidèles compagnons.

Drouot avait pensé ne conserver que peu de jours

Fig. 24. — Letitia Ramolino, mère de Napoléon. (D'après Gérard. Musée de Versailles.)

le titre de gouverneur de l'île d'Elbe, et cela est si vrai que, dans sa correspondance, nous trouvons à la date du 18 mai :

« Je me porte on ne peut mieux, et, dans quelques jours, lorsque je serai débarrassé de toutes fonctions, je serai parfaitement heureux. Avec quel plaisir je vais me livrer à l'étude. Je commence déjà à lui consacrer quelques heures tous les jours et j'y trouve un bonheur inexprimable. »

Mais Napoléon n'avait jamais voulu entendre parler de la démission de celui en qui il avait toute confiance, et Drouot s'en plaignait, comme nous le voyons, par le fragment d'une lettre écrite le 2 juin : « Je continue, disait-il, à être gouverneur de l'île d'Elbe. J'avais espéré cesser toutes fonctions à l'arrivée de la garde, mais je n'ai pu obtenir ma démission. J'insisterai de nouveau quand tout sera organisé. »

Drouot eut beau faire, il n'obtint jamais ce qu'il appelait une grande faveur et, à la fin de 1814, il n'avait pas cessé de gouverner, et était obligé de présenter à Napoléon le projet du budget des dépenses pour l'année qui allait commencer.

Quand l'empereur eut lu complètement le détail

des divers chapitres, il remarqua que le gouverneur avait oublié de se porter sur la liste des traitements à payer, et lui en fit l'observation.

— Sire, répondit Drouot, Votre Majesté me loge, elle me nourrit, elle me fait donner un cheval de son écurie lorsque j'ai l'honneur de l'accompagner dans ses promenades. Mes dépenses se réduisent donc à mon entretien, à un faible traitement pour mon secrétaire, aux gages d'un serviteur, et mon revenu, qui est connu de Votre Majesté, est plus que suffisant pour répondre à ces besoins !

Cette admirable réponse n'eût rien qui pût surprendre Napoléon, car il avait depuis longtemps déjà jugé la grandeur d'âme et l'élévation des sentiments de son général. Il n'en porta pas moins Drouot pour six mille francs sur le budget de 1815.

Le général ne devait pas toucher cette somme, car le retour était décidé. Napoléon prévint, quelques jours seulement avant le départ, ses deux fidèles. Pas un instant, le gouverneur n'hésita à déconseiller une tentative qui lui paraissait grosse de périls pour la France. Ce n'est pas, croyons-nous, le repos qu'il avait trouvé dans la vie d'exil, ce ne sont certes pas les périls au-devant desquels il allait être obligé de courir de nouveau, qui le faisaient s'opposer aux projets de l'empereur. Il avait voué à ce dernier une affection et un attachement tels, que rien ne devait l'arrêter pour le suivre, sinon l'idée de nuire peut-être à sa patrie!

— Je suis bien persuadé, disait-il, que nous faisons une grande faute en quittant l'île d'Elbe, et si l'on m'en croyait nous resterions!

Mais Napoléon lui répondit que la France avait besoin de lui, que tous les soldats avaient conservé dans leur sac l'aigle impériale, prêts à la reprendre comme cocarde, que pas un d'eux ne voudrait manquer de le suivre dans sa marche sur la capitale, et que l'ennemi tremblerait, en sachant qu'il allait de nouveau combattre contre lui.

A cela Drouot répondait : « Hélas, sire, la France elle-même a de douloureux souvenirs sur le cœur. Elle a besoin de se recueillir. »

L'empereur n'aimait pas que l'on contredît à une de ses volontés et semblait peiné que Drouot montrât une l'hésitation réelle à le suivre. Celui-ci, au surplus, devant l'ordre qui lui fut donné de préparer le départ, ne présenta plus aucune objection.

Il obéit, sans phrases, sans plus de récriminations, et avec le dévouement entier qu'il avait voué à Napoléon.

Le 26 février 1815, à 9 heures du soir, l'embarquement eut lieu à Porto-Ferrajo. 1,100 soldats, dont 700 de l'ancienne garde et le reste composé de Polonais, de Corses et d'Italiens, composaient avec Bertrand, Drouot et Cambronne, l'escorte du César qui revenait s'emparer du trône et du pouvoir. Sept bâtiments composaient toute la marine de l'empereur. On évita les croisières d'Angleterre et de France, qui veillaient sur l'île d'Elbe, pour empêcher de se produire l'événement qui avait lieu en ce moment. Tout porte à croire, au surplus, que les soldats de la marine professaient à l'égard de leur ancien chef les mêmes sentiments que ceux de l'armée de terre, et se souciaient peu de s'opposer à une rentrée qu'ils désiraient, pour la plupart, de tous leurs vœux.

Le brick « l'Inconstant », sur lequel Napoléon avait pris place, mouilla entre Cannes et Antibes, au golfe Juan, le 1er mars, au matin, et il n'eut aucun obstacle à surmonter. Les hommes étaient déjà à terre et le premier acte du grand guerrier des temps modernes, de retour en France, fut de passer la revue de sa petite troupe, au milieu de la stupéfaction des quelques habitants que ce spectacle avait attirés.

Deux jours après, Napoléon adressa à l'armée une

Fig. 25. — Vue de Porto-Ferrajo. D'après une gravure du temps.

proclamation qui parut ensuite dans le *Moniteur* du 21 mars et que Drouot contresigna, en même temps que les officiers qui revenaient de l'Ile d'Elbe. Nous donnons seulement la péroraison de cet appel à l'armée, car il est de toute évidence, connaissant le caractère digne et élevé de notre héros, que la version publiée dans le *Moniteur* a été falsifiée :

« Soldats, disent les signataires de la proclamation, la générale bat et nous marchons. Courez aux armes, venez joindre votre Empereur et vos aigles tricolores : et si ces hommes, aujourd'hui si arrogants et qui ont toujours fui à l'aspect de nos armes, osent nous attendre, quelle plus belle occasion de verser notre sang. Soldats des 7e, 8e, et 9e divisions militaires, garnisons d'Antibes, de Toulon et de Marseille, officiers en retraite, vétérans de nos armées, vous êtes appelés à l'honneur de donner le premier exemple. Venez avec nous conquérir ce trône, palladium de nos droits, et que la posterité dise un jour : les étrangers, secondés par des traîtres, avaient imposé un joug honteux à la France ; les braves se sont levés et les ennemis du peuple, de l'armée, ont disparu et sont rentrés dans le néant!! »

La marche en avant s'opéra rapidement. A Sisteron, le 5 mars, ils étaient acclamés. Bientôt, les troupes qu'ils trouvèrent devant eux, loin de s'opposer à leur passage, se rallièrent avec enthousiasme à leur ancien chef.

— Dans dix jours, dit alors Napoléon à Drouot, nous serons aux Tuileries.

Fig. 26. — Retour de Bonaparte, le 20 mars 1815. D'après un dessin de Heim.

A la joie de celui à qui il était dévoué jusqu'à la mort, Drouot ne crut pas devoir opposer les craintes qui l'agitaient et qu'il avait manifestées avant que de partir. Il avait juré obéissance; il tenait son serment, mais il prévoyait bien ce qu'il adviendrait de cette entreprise téméraire.

Drouot fut chargé du commandement de l'avant-garde, mais il ne précéda Napoléon à Paris que de peu de jours, car le 20 mars, celui-ci rentrait dans la capitale.

Comme on le voit, l'histoire du général Drouot, à cette époque, est intimement liée à celle de Napoléon, et par suite à celle de notre France, pendant les années de deuil et de tristesse. C'est ce qu'exprime en si beaux termes le R. P. Lacordaire?

« Tant que la France avait été victorieuse, dit-il, c'est-à-dire pendant vingt ans, Drouot, malgré ses services, était demeuré dans un rang inférieur, et comme à l'arrière-garde de la gloire. Il avait vu se former dans les batailles tous nos capitaines renommés, les Jourdan, les Hoche, les Marceau, génération primitive d'où avait fleuri le rameau plus fécond, encore de l'empire, les Victor, les Macdonald, les Duroc, les Lannes, les Bessière et tant d'autres... Tous, vivants ou morts, étaient parvenus, avant nos revers, au comble de la réputation et des honneurs. Drouot, seul, était en retard de son immortalité.

« Comme une plante modeste et peu hâtive, il s'était caché à l'ombre des grands noms, et Dieu, se servant de sa vertu même pour en suspendre l'éclat, l'avait réservé à nos jours de malheur. »

Nommé major général de la garde impériale, Drouot conserva intègre la confiance que Napoléon avait en lui. Celui-ci ne lui donnait pas seulement des ordres, mais lui laissait une certaine initiative, sachant que non seulement la science du général ne serait pas en défaut mais encore que, chez celui-ci, le désir de lui prouver son dévouement, joint à l'amour du travail, augmenterait le conseil et la prudence.

Nous avons la preuve de cette confiance dans une lettre conservée aux archives de la guerre. Datée du 30 mai et signée de Napoléon, elle est ainsi conçue :

« Monsieur le Comte,

« Il faut préparer le départ de la garde pour le 5 juin, pour tout délai. Faites-moi connaître quelle sera la force des quatre régiments de chasseurs et de la division de grenadiers, ce qui fera huit bataillons par division; qui commandera; quelle artillerie y sera attachée; qui restera à Paris pour commander les dépôts. Je désire que deux régiments de la jeune garde puissent partir également, le 3 juin, pour rejoindre les deux régiments qui sont déjà à Compiègne. Vous prendrez dans les tirailleurs et voltigeurs tout ce qui est disponible pour mettre ces régiments au complet. Il y aura probablement une bataille bientôt. Je n'ai pas besoin de vous faire sentir de quelle importance extrême il sera pour nous d'avoir nos batteries de 12. Concertez-vous avec Evain et voyez à prendre toutes les mesures pour que les quatre batteries de vieille garde qui restent à partir puissent partir au plus tard le 5 juin; voyez s'il sera possible d'avoir une batterie à cheval de jeune garde. »

Le 2 juin, Drouot était nommé Pair de France.

CHAPITRE VII.

Bataille de Waterloo. — Discours de Drouot à la Chambre des Pairs.

Napoléon, voyant la coalition se former, n'avait pas un instant à perdre pour se mettre en mesure de lui résister. Il sentait bien qu'il allait jouer la partie décisive et que, pour tout au monde, il lui fallait remporter la victoire. En effet, les nations coalisées faisaient de formidables armements pour écraser, d'une façon définitive cette fois, leur vainqueur redouté.

Le 7 juin, les deux Chambres ayant été convoquées en séance impériale au Corps législatif, il annonça son prochain départ pour l'armée et ajouta cette déclaration : « L'armée et moi nous ferons notre devoir. » C'est à Drouot qu'il écrivit, aussitôt sa rentrée aux Tuileries, pour lui dire de préparer le départ des troupes sur lesquelles il comptait pour cette dernière campagne qui devait décider de son sort.

Dans les archives de la guerre nous trouvons en effet la lettre suivante. :

Paris, 7 juin 1815.

« Au général comte Drouot, aide-major de la Garde impériale, à Paris.

« Faites partir demain, à la pointe du jour, de manière à arriver le 10, de bonne heure, à Soissons, les deux régiments de la garde.

« S'ils peuvent aller en deux jours à Soissons, qu'ils y aillent, ils y seraient le 9; sans quoi, qu'ils approchent de manière à arriver le 10, s'ils en reçoivent l'ordre, entre Soissons et Laon. »

C'est le 18 juin qu'eut lieu la bataille de Waterloo, que Wellington a nommé « une bataille de géants. » Napoléon était resté avec Cambronne et la garde, et autour de lui se pressaient ceux de ses généraux qu'il affectionnait particulièrement. Nous retrouvons en cet instant suprême autour de lui Drouot, Bertrand, Ney, Soult, Corbineau, et Labédoyère. Quand l'empereur vit la défaite certaine, on sait qu'il voulut mourir et ce fut Drouot, avec ses collègues, qui l'entraînèrent à

Genappe, loin du champ de bataille où la garde, avec Cambronne, achevait de se faire massacrer.

Dire la douleur qu'éprouva notre général à cette irrémédiable défaite serait impossible. Il avait prévu ce qui se produisait, si Napoléon revenait en France, mais combien il est humain d'espérer contre toute espérance! Si Drouot n'avait été courbé sous les volontés de Dieu, s'il n'avait pas compris la grande leçon que le Très-Haut donnait à celui qui semblait si puissant et si fort, de quel désespoir n'eut-il pas été étreint après cette défaite horrible! Mais, soumis aux desseins sacrés, il accepta avec résignation les revers nouveaux qui, en précipitant du trône le maître qui avait toute confiance en lui, le frappaient lui-même, et dans le présent, et dans l'avenir.

On ne saurait, en écrivant la vie du général Drouot, faire autrement que de remarquer combien son caractère était différent de celui de ses camarades. Les grands capitaines qui entouraient Napoléon étaient tous excités par des considérations temporelles, qui, en fin de compte, ne sont pas défendues. C'était l'amour des honneurs, de la gloire, de la richesse, autant que le sentiment de la bravoure et de la valeur guerrière, qui les animait. Drouot, lui, n'était mû que par le dévouement, l'affection et la reconnaissance qu'il portait à son maître. Loin de briguer les titres, il les recevait sans plaisir; loin de prétendre à la fortune, il la refusait avec insistance. Oui, un dévouement, un dévouement à toute épreuve, en même temps qu'une fidélité inébranlable, voilà les traits distinctifs du caractère de notre héros.

Et comme au lendemain de cette funeste bataille de Waterloo, le général Drouot montra bien ces sentiments que nous nous plaisons à admirer en lui.

Le maréchal Ney, revenu à Paris, court à la Chambre des Pairs, alors que la nouvelle de la défaite avait couru dans tout Paris, jetant partout la consternation et la stupeur. Déjà Carnot, le ministre de la guerre, avait dû monter à la tribune pour annoncer la déroute de l'armée. Ney déclare que tout est perdu, et la séance est levée, au milieu du tumulte le plus inexprimable.

Par les journaux du matin, Drouot, empêché la veille d'assister à la séance, apprend ce qui s'est passé. Laissera-t-il ainsi obscurcir la gloire des braves qui ont héroïquement lutté et qui ont succombé sous le

Fig. 27. — Bataille de Waterloo (18 juin 1815). D'après le tableau de Steuben.

nombre! Ce serait ne pas le connaître que de le supposer.

Il monte à la tribune, et, dans une improvisation d'une chaleur communicative, il refait l'historique de la campagne qui vient de s'achever, montre exactement la situation de l'empereur, et excite dans le cœur de tous les espérances qu'il veut encore nourrir lui-même.

Le discours de Drouot forme un document que tous les historiographes ont cru, et cela, à juste titre, devoir livrer entier à la postérité. Qui mieux en effet que Drouot peut nous faire un récit exact de cette campagne qu'il a suivie chaque jour, de cette campagne qui forme une des pages les plus intéressantes, en même temps que les plus tristes de notre histoire!

« Messieurs, dit Drouot, mon service ne m'ayant pas permis de me trouver hier matin à la Chambre des Pairs, je n'ai pu connaître que par les journaux les discours qui ont été prononcés dans cette séance. J'ai vu avec chagrin ce qui a été dit pour obscurcir la gloire de nos armes, exagérer nos désastres et diminuer nos ressources. Mon étonnement a été d'autant plus grand que ces discours étaient prononcés par un général distingué qui, par sa grande valeur et ses connaissances militaires, a tant de fois mérité la reconnaissance de la nation. J'ai cru m'apercevoir que l'intention du maréchal Ney avait été mal comprise, que sa pensée avait été mal saisie. L'entretien que j'ai eu avec lui, ce matin, prouve que je ne me suis point trompé.

« Je vous prie, Messieurs, de me permettre de vous exposer, en peu de mots, ce qui s'est passé dans cette trop courte et trop malheureuse campagne.

« Je dirai ce que je pense, ce que je crains, ce que j'espère. Vous pouvez compter sur ma franchise. Mon attachement à l'empereur ne peut être douteux; mais avant tout et par-dessus tout j'aime ma patrie. Je suis amant enthousiaste de la gloire nationale, et aucune affection ne pourra jamais me faire trahir la vérité.

« L'armée française a franchi la frontière le 15 juin ; elle était composée de plusieurs corps de cavalerie, de cinq corps d'infanterie et de la garde impériale. Les cinq corps d'infanterie étaient commandés : le premier par le comte d'Erlon, le second par le comte Reille, le troisième par le comte Vandamme, le quatrième par le comte Gérard, le cinquième par le comte de Lobau. Je ne parle pas du cinquième corps qui était en Alsace sous les ordres du comte Rapp.

« L'armée rencontra quelques troupes légères en deçà de la Sambre, les culbuta et leur prit quatre à cinq cents hommes. Elle passa ensuite la rivière, le premier et le deuxième corps à Marchiennes-au-Pont, le reste de l'armée à Charleroi.

« Le sixième corps, qui était resté en arrière, n'effectua le passage que le lendemain.

« L'armée se porta en avant de Charleroi sur la route de Fleurus ; le corps de Vandamme attaqua, vers quatre ou cinq heures du soir, une division ennemie qui paraissait forte de huit à dix mille hommes, infanterie et cavalerie, soutenue par quelques pièces de canon, et qui se tenait à cheval sur la route de Fleurus.

« Cette division fut enfoncée ; ses carrés d'infanterie furent culbutés par notre cavalerie ; l'un d'eux fut entièrement passé au fil de l'épée.

« Dans une des charges de cavalerie, la France perdit mon brave et estimable camarade Letort, aide de camp de l'Empereur.

« Nos avant-postes se portèrent sur Fleurus. Le lendemain matin, l'armée française entra dans cette plaine de Fleurus, que vingt et un ans auparavant nous avions illustrée par les plus beaux faits d'armes. L'armée ennemie paraissait en amphithéâtre sur un coteau derrière les villages de Saint-Amand et de Ligny; la droite paraissait s'étendre peu au delà de Saint-Amand; la gauche se prolongeait peu au delà de Ligny.

« Vers midi, le troisième corps d'infanterie, soutenu par son artillerie, attaque le village de Saint-Amand, s'empare du bois qui précède ce village et pénètre jusqu'aux premières maisons.

« Bientôt il est ramené vigoureusement. Soutenu par de nouvelles batteries, il recommence l'attaque, et, après plusieurs tentatives très opiniâtres, il finit par rester maître du bois et du village qu'il trouve rempli de morts et de blessés prussiens.

« Pendant ce temps, le quatrième corps attaquait le village de Ligny; il y trouva beaucoup de résistance, mais l'attaque fut dirigée et soutenue avec beaucoup d'opiniâtreté.

« Des batteries occupaient tout l'intervalle des deux villages pour contre-battre l'artillerie que l'ennemi avait placée au pied et sur le penchant du coteau.

« Je voyais avec complaisance prolonger cette canonnade qui était tout à notre avantage. Les troupes destinées à protéger nos batteries étant éloignées et masquées par les sinuosités du terrain, se trouvaient à l'abri du danger. Celles de l'ennemi, au contraire, disposées par masses et en amphithéâtre, derrière les batteries, éprouvaient les plus grands dommages.

« Il paraît que l'intention de l'empereur était de porter cette réserve au delà du ravin et sur les positions de l'ennemi, aussitôt que nous serions entièrement maîtres du village de Ligny.

« Cette manœuvre isolait entièrement la gauche des Prussiens et la mettait à notre discrétion. Le moment de l'exécuter était arrivé entre quatre ou cinq heures, lorsque l'empereur fut informé que le maréchal Ney, qui se trouvait loin de notre gauche, à la tête du premier et du deuxième corps, avait en tête des forces anglaises très considérables; il avait besoin d'être soutenu. Sa Majesté ordonna que huit bataillons de chasseurs de la vieille garde et une grande partie des réserves de l'artillerie se portassent à la gauche du village de Saint-Amand au secours des deux premiers corps; mais bientôt on reconnut que ce renfort n'était pas nécessaire, et il fut rappelé sur le village de Ligny, par lequel l'armée devait déboucher; les grenadiers de la garde traversèrent le village, culbutèrent l'ennemi à la nuit, et l'armée chantant l'hymne de la victoire, prit position au delà du ravin, sur le champ qu'elle venait d'illustrer par les plus beaux faits d'armes.

« J'ignore quels sont les autres trophées qui signalèrent cette grande journée, mais ceux que je connais sont plusieurs drapeaux et vingt-quatre pièces ennemies rassemblées sur le même point.

« Dans aucune circonstance je n'ai vu les troupes françaises combattre avec un plus noble enthousiasme; leur élan, leur valeur faisaient concevoir les plus grandes espérances. Le lendemain matin, j'ai parcouru le champ de bataille; je l'ai vu couvert de morts et de blessés ennemis.

« L'empereur fit donner des secours et des consolations à ces derniers; il laissa sur le terrain des officiers et des troupes chargés spécialement de les recueillir.

« Les paysans emportaient les Français blessés avec le plus grand soin; ils s'empressaient de leur apporter des secours; mais on était forcé d'employer les menaces pour les obliger d'enlever les Prussiens auxquels ils paraissaient porter beaucoup de haine.

« D'après les rapports de reconnaissance, on apprit

Fig. 28. — Le champ de bataille de Waterloo. Tableau de Turner.

qu'après la bataille l'armée ennemie s'était partagée en deux; que les Anglais prenaient la route de Bruxelles, que les Prussiens se dirigeaient vers la Meuse. Le maréchal Grouchy, à la tête d'un gros corps de cavalerie, des troisième et quatrième corps d'infanterie, fut chargé de poursuivre ces derniers. L'empereur suivit la route des Anglais avec le premier, deuxième, et sixième corps, et la garde impériale.

« Le premier corps, qui était en tête, attaqua et culbuta plusieurs fois l'arrière-garde ennemie, et la suivit jusqu'à la nuit, qu'elle prit position sur le plateau en arrière du village de Mont-Saint-Jean, sa droite s'étendant vers le village de Braine, et sa gauche se prolongeant indéfiniment dans la direction de Wavres; il faisait un temps affreux, tout le monde était persuadé que l'ennemi prenait position pour donner à ses convois et à ses parcs le temps de traverser la forêt de Soignes, et que lui-même exécuterait le même mouvement à la pointe du jour.

« Au jour, l'ennemi fut reconnu dans la même position. Il faisait un temps effroyable et qui avait tellement dénaturé les chemins, qu'il était impossible de manœuvrer avec l'artillerie dans la campagne.

« Vers neuf heures, le temps s'éleva, le vent sécha un peu la campagne, et l'ordre d'attaquer fut donné à midi par l'empereur.

« Fallait-il attaquer l'ennemi en position avec des troupes fatiguées par plusieurs journées de marche, une grande bataille et des combats ; ou bien fallait-il leur donner le temps de se remettre de leurs fatigues et laisser l'ennemi se retirer sur Bruxelles ?

« Si nous avions été heureux, tous les militaires auraient déclaré que c'était une faute impardonnable de ne pas poursuivre une armée en retraite lorsqu'elle n'était plus qu'à quatre lieues de sa capitale, où nous étions appelés par de nombreux partisans.

« La fortune a trahi nos efforts et alors on regarde comme une grande imprudence d'avoir livré la bataille.

« La postérité plus juste prononcera ! Le deuxième corps commença l'attaque à midi, le 18. La division commandée par le prince Jérôme attaqua le bois qui était placé en avant de la droite de l'ennemi. Elle s'en empara d'abord, en fut repoussée, et n'en resta entièrement maîtresse qu'après plusieurs heures de combats opiniâtres.

« Le premier corps, dont la gauche était appuyée à la grande route, attaquait en même temps les maisons de Mont-Saint-Jean, s'y établissait et se portait jusque sur la position de l'ennemi. Le maréchal Ney, qui commandait les deux corps, se tenait de sa personne sur la grande route pour diriger les mouvements suivant les circonstances.

« Le maréchal me dit, pendant la bataille, qu'il allait faire un grand effort sur le centre de l'ennemi pendant que sa cavalerie ramasserait les pièces qui paraissaient n'être pas beaucoup soutenues. Il me dit plusieurs fois, lorsque j'allais lui porter des ordres pendant la bataille, que nous allions remporter une grande victoire.

« Cependant le corps prussien, qui s'était joint à la gauche des Anglais, se mit en posture sur notre flanc droit et commença à l'attaquer vers cinq heures et demie du soir.

« Le sixième corps, qui n'avait pas pris part à la bataille du 16, fut disposé pour lui faire face, et fut soutenu par une division de la jeune garde et quelques bataillons de la garde. Vers sept heures, on entendit dans le lointain, vers notre droite, un feu d'artillerie et de mousqueterie. On ne douta pas que le général Grouchy n'eût suivi le mouvement des Prussiens et ne vînt prendre part à la victoire.

« Des cris de joie se font entendre sur toute notre ligne. Les troupes, fatiguées par huit heures de combat, reprennent vigueur et font de nouveaux efforts. L'empereur regarda cet instant comme décisif, il porte en avant toute sa garde, ordonne à quatre bataillons de passer près du village de Mont-Saint-Jean, de se

Fig. 29. — Napoléon à Mont-Saint-Jean. D'après Steuben.

porter sur la position ennemie et d'enlever à la baïonnette tout ce qui résisterait.

« La cavalerie de la garde, et tout ce qui restait de cavalerie sous la main, seconda ce mouvement. Les quatre bataillons, en arrivant sur le plateau, sont accueillis par le feu le plus terrible de mousqueterie et de mitraille. Le grand nombre de blessés qui s'en détachent font croire que la garde est en déroute. Une terrible panique se communique aux corps voisins qui prennent la fuite avec précipitation. La cavalerie ennemie, qui s'aperçoit de ce désordre, est lâchée dans la plaine ; elle est contenue pendant quelque temps par les douze bataillons de vieille garde qui n'avaient point encore donné, et qui, entraînés eux-mêmes par ce mouvement inexplicable, suivent, mais en ordre, la marche des fuyards.

« Toutes les voitures d'artillerie se précipitent sur la grande route ; bientôt elles s'y accumulent tellement qu'il est impossible de les faire marcher ; elles sont, la plupart, abandonnées sur le chemin et dételées par les soldats qui en emmènent les chevaux.

« Tout se précipite sur le pont de Charleroi et celui de Marchiennes, d'où les débris furent dirigés sur Philippeville et Avesnes.

« Tel est l'exposé de cette funeste journée. Elle devait mettre le comble à la gloire de l'armée française, détruire les vaines espérances de l'ennemi, et peut-être donner à la France la paix si désirée ; mais le Ciel en a décidé autrement, il a voulu qu'après tant de catastrophes notre malheureuse patrie fut encore une fois exposée aux ravages des étrangers.

« Quoique nos pertes soient considérables, notre position n'est cependant pas désespérée; les ressources qui nous restent sont bien grandes si nous voulons les employer avec énergie.

« Le corps commandé par le général Grouchy, composé des troisième et quatrième d'infanterie et d'un grand corps de cavalerie, vient d'effectuer sa retraite par Namur; il est rentré en France par Givet et Rocroy, son matériel est intact. Les débris des corps battus à Mont-Saint-Jean forment déjà une masse respectable qui augmente de jour en jour.

« Le ministre de la guerre a annoncé aux Chambres qu'on pouvait disposer de vingt à vingt-cinq mille hommes pris dans les dépôts.

« Les mesures prises par les Chambres pour appeler à la défense de la patrie tous les hommes en état de porter les armes donneront bientôt un grand nombre de bataillons, si l'on presse avec toute l'activité possible la levée, l'embrigadement et la formation de ces bataillons.

« La perte de notre matériel peut être facilement réparée. Nous avons à Paris trois cents pièces de bataille avec leur approvisionnement; la moitié de ces pièces suffit pour remplacer celles que nous avons perdues. Il suffit que les Chambres prennent sans délai des mesures pour avoir des chevaux et des conducteurs, ce qui, dans une ville comme Paris, peut être effectué en vingt-quatre heures.

« Je ne puis assez le répéter à la Chambre : la dernière catastrophe ne doit pas décourager une nation grande et noble comme la nôtre. Si nous déployons dans ces circonstances critiques toute l'énergie nécessaire, ce dernier malheur ne fera que relever notre gloire. Et quel est le sacrifice qui coûterait aux vrais amis de la patrie, dans un moment où le souverain que nous avons proclamé naguère, que nous avons revêtu de toute notre confiance, vient de faire le plus grand, le plus noble de tous les sacrifices !

« Après la bataille de Cannes, le Sénat romain vota des remerciements au général vaincu, parce qu'il n'avait pas désespéré du salut de la république, et s'occupa sans relâche de lui donner les moyens de réparer les désastres qu'il avait occasionnés

Fig. 30. — « La garde meurt et ne se rend pas. » Dessin d'Horace Vernet.

par son entêtement et ses mauvaises dispositions.

« Dans une circonstance infiniment moins critique, les représentants de la nation se laisseront-ils abattre, oublieront-ils les dangers de la patrie pour s'occuper de discussions intempestives au lieu de recourir au remède qui assurerait le salut de la France? »

L'impression produite par ce discours fut vive sur l'assemblée, mais la confiance que Drouot portait en son cœur, il ne put la communiquer aux membres du Sénat, et c'est avec une tristesse à nulle autre pareille que l'avocat de la dernière heure vit Napoléon obligé d'abdiquer une seconde fois. Drouot fit partie de la commission qui dût s'occuper de l'abdication de l'empereur et de la déclaration que celui-ci voulut faire avant que de s'exiler pour toujours.

CHAPITRE VIII.

Drouot chargé par le gouvernement provisoire du commandement de la garde. — Il apprend qu'il va être mis en état d'arrestation. — Il va se livrer à la prison de l'Abbaye. — Sa détention préventive. — Il paraît devant le conseil de guerre. — Son interrogatoire.

On a vu que, jusqu'au dernier moment, Drouot fut le serviteur empressé et enthousiaste de Napoléon, et cependant, dès le 24 juin, nous le trouvons chargé par le gouvernement provisoire du commandement de la garde impériale. Si l'on veut réfléchir un instant, on ne sera pas peu étonné de voir confier un poste aussi important à un chef tout dévoué au vaincu. Les troupes de cette garde étaient en effet absolument inféodées à Napoléon. Avec tout autre que Drouot, il eût été de la plus grande imprudence de faire commander ces soldats par un semblable général. Mais chacun connaissait la loyauté inébranlable de celui qui avait dit : « Mon attachement à l'empereur ne peut être douteux; mais, avant tout et par-dessus tout, j'aime ma patrie. »

C'est pour cela que, peu de temps après, il prit la cocarde blanche en même temps que l'armée, convaincu de la nécessité qu'il y avait pour la France à se refaire des épouvantables défaites qu'elle avait subies.

Nous trouvons parfaitement expliquée la situation dans laquelle se trouvait Drouot, par cette page de l'œuvre du général Ambert, suivie de la déclaration même de notre héros.

« Cependant le général Drouot eut la pensée de refuser cette importante mission, car il voulait accompagner Napoléon à Sainte-Hélène, partager cette captivité sur un rocher solitaire. Il était entraîné d'un côté par la reconnaissance; d'un autre côté, il ne pouvait être sourd à l'appel de la France. Indécis, tourmenté, profondément affligé, Drouot se décide à servir son pays et à rejoindre ensuite son bienfaiteur à Sainte-Hélène.

« Quelques mois avant sa mort, Drouot écrivait : « Je regarde comme le premier de mes devoirs,

« dans les grandes circonstances, de me dévouer en-
« tièrement à ma patrie et de ne reculer devant aucun
« sacrifice personnel pour contribuer à son salut. Ce
« devoir me paraissait d'autant plus impérieux, que
« j'avais moi-même pris part aux événements qui
« avaient amené notre malheureuse situation : en con-
« séquence, après avoir consulté l'empereur, qui ap-
« plaudit à ma résolution, j'ai accepté le commande-
« ment qui m'était donné par le gouvernement et je
« me suis séparé momentanément de mon bienfaiteur
« avec l'intention et l'espoir de le rejoindre, aussitôt
» que la France serait sauvée; les événements qui sui-
« virent ont confondu mes plus chères espérances ; je
« n'ai eu ni la consolation d'adoucir la captivité de
« l'empereur ni le bonheur de mourir en combattant
« pour la délivrance de mon pays. »

« Si Drouot, ajoute M. le général Ambert, regrettait de ne pas accompagner Napoléon, celui-ci éprouvait un véritable chagrin d'être séparé de l'homme qu'il honorait d'une estime particulière :

« Drouot reste en France, disait l'empereur, je vois
« que le ministre de la guerre veut le conserver à son
« pays. Je ne peux pas m'en plaindre, mais c'est une

« grande perte pour moi; c'est la tête la plus forte et
« le cœur le plus droit que j'aie rencontrés : cet homme
« est fait pour être premier ministre partout. »

Napoléon, ayant quitté la Malmaison le 29 juin, gagna Rochefort, et là, eut à choisir entre deux partis, ou tâcher de forcer la croisière anglaise qui stationnait, ou se livrer à l'Angleterre. C'est cette dernière résolution qu'il adopta. Après avoir écrit au prince régent une lettre restée fameuse, il alla à bord du vaisseau « le Bellérophon », ne pouvant supposer qu'il serait traité autrement que comme un vaincu qui volontairement se livre à un grand peuple. Chacun sait quelle cruelle désillusion il subit, et comment, le 8 août suivant, il était débarqué à Sainte-Hélène.

Pendant ce temps, comme beaucoup de ses collègues, Drouot apprenait subitement que, malgré la nette attitude qu'il avait prise et la fidèle soumission qu'il avait faite au gouvernement de Louis XVIII, il devait être mis en état d'arrestation et jugé.

Non seulement, il lui était facile, en ce moment, de fuir la France et de rejoindre Napoléon, mais encore il pouvait semer dans la garde impériale des idées de rébellion qui eussent pu germer et porter leurs fruits.

Tel nous l'avons trouvé jusqu'ici, tel nous le revoyons. Avec une grandeur simple, il déclara qu'il ne voulait ni fuir le jugement, ni montrer le moindre mouvement

Fig. 31. — Embarquement de Napoléon à bord du *Bellérophon* (15 juillet 1815).

de révolte contre l'arrêt qui était rendu contre lui. Bien plus, jugeant qu'il était peu digne d'attendre qu'on vînt, au milieu de ses troupes, pour l'arrêter, et craignant peut-être que l'affection des soldats à son égard se traduisît par un soulèvement, il quitta l'armée de la Loire et arriva précipitamment à Paris. Sans perdre une seconde, il se présente à la prison de l'Abbaye, où on refuse de le recevoir. Comme le fait remarquer le R.P. Lacordaire, « c'est la seconde fois qu'il frappait à une porte qui lui restait impitoyablement fermée, une première fois, à trois ans, quand il allait de ses pas tremblants se présenter à l'école des Frères, et cette fois, quand, pair de France il venait solliciter des juges. »

Les hésitations furent grandes avant qu'on l'admît à l'Abbaye. Obligé de s'adresser au ministre de la police pour qu'on fît droit à son étrange réclamation, ce ne fut que le 14 août qu'il franchit enfin les portes de la prison.

Nous avons sur les huit longs mois de détention préventive que subit Drouot des renseignements très précis. Cet homme de bronze resta absolument semblable à lui-même. Loin du bruit des batailles, dans la paix de la quasi-solitude, nous le revoyons adonné à l'étude et à la charité. La vie monacale qu'il avait rêvée, cette existence qu'il avait déjà menée une fois, pendant l'exil de l'île d'Elbe, et qu'avait interrompue l'épouvantable défaite de Waterloo, il la reprend avec le plus grand bonheur. Sans se laisser distraire par les visites de tous ceux qui voulaient s'adresser à lui et pour qui il ne pouvait plus rien faire d'utile, il se plongeait dans la lecture de ses auteurs favoris, oubliant la lenteur triste des heures de captivité. Les soins charitables à donner aux prisonniers pouvaient seuls le distraire de ses études, et il trouvait moyen de réconforter chacun d'eux et de leur donner des conseils à la fois éclairés et affectueux.

Le 6 avril 1816, il fut enfin traduit devant le conseil de guerre.

Dans le procès du général Drouot, nous trouvons le compte rendu de son interrogatoire, dont nous donnerons des fragments.

Comme on l'accusait d'avoir eu connaissance de la corespondance de Napoléon en France et de la conspiration qui avait pour but de rappeler Napoléon et de le faire remonter sur le trône de France, au détriment du légitime souverain, Drouot répondit : « Je n'ai eu aucune connaissance d'une correspondance de Napoléon avec la France, je n'ai connu aucune conspiration pour le rétablissement de Napoléon ; les raisons suivantes me semblent prouver qu'il n'en a pas existé :

« 1° Je vivais dans l'île d'Elbe avec Napoléon; je le voyais beaucoup; je mangeais avec lui; je l'accompagnais dans ses promenades. Il m'a quelquefois entretenu des événements politiques; jamais il ne m'a parlé de correspondance avec la France, ni de la conspiration qui aurait eu pour but son rétablissement; je crois qu'il ne m'aurait pas caché cette conspiration si elle avait existé.

« 2° Napoléon ne recevant pas les deux millions qui devaient lui être payés, d'après le traité du 11 avril, me dit qu'il se trouvait dans la nécessité de congédier une partie de sa garde. Plusieurs villes étrangères lui ont fait des offres d'argent; il aurait sans doute accepté ces offres s'il avait travaillé à remonter sur le trône de France; il aurait mieux aimé emprunter quelques centaines de mille francs que de congédier des hommes qui lui avaient donné de si grandes preuves d'attachement, et qui pouvaient lui être utiles pour l'entreprise qu'il aurait alors méditée.

« 3° Lorsque Napoléon me parla du projet de rentrer en France, je ne doutai point qu'il ne fût d'accord avec quelques puissances étrangères et qu'un parti nombreux ne lui eût proposé les moyens d'arriver jusqu'à Paris. La suite prouve qu'aucune puissance n'avait connu le projet de Napoléon et qu'aucune conspiration ne devait lui préparer les moyens de réussir.

« J'ai reçu depuis le 20 mars les visites d'un grand

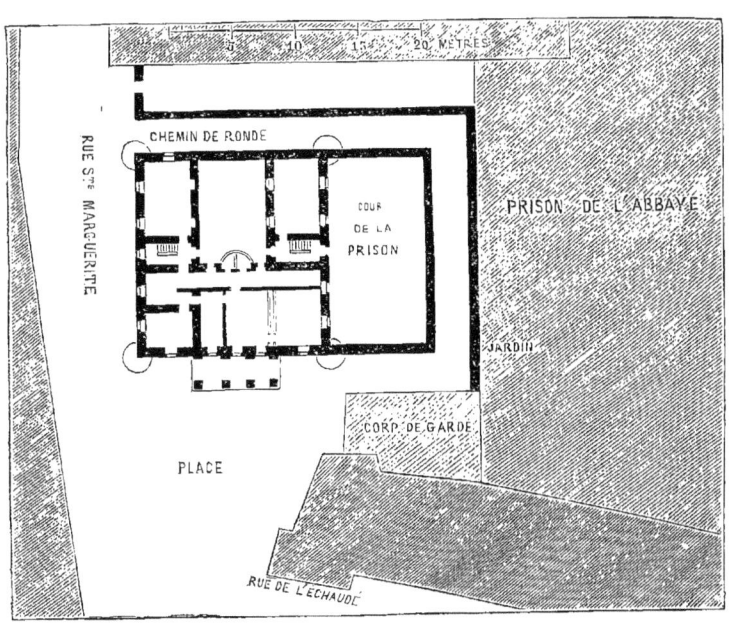

Fig. 32. — Plan de la prison de l'Abbaye.

nombre d'hommes de tous rangs, de tous grades, qui, me croyant un grand crédit, me parlèrent de leur dévouement à Napoléon, des vœux qu'ils avaient faits pour son retour; si quelqu'un avait conspiré pour aider ou accélérer ce retour, certainement il s'en serait flatté à l'époque où il espérait en recevoir la récompense. Personne ne m'a parlé de conspiration dont il aurait eu connaissance, ou à laquelle il aurait pris part.

« Ces raisons me paraissent prouver d'une manière évidente que Napoléon n'avait pas formé le projet de rentrer en France, qu'il n'avait connaissance d'aucune conspiration qui tendît à renverser le gouvernement du roi. Je pourrais à ces raisons joindre quelques autres preuves : par exemple, jusqu'aux derniers jours, Napoléon m'engagea à me marier à l'île d'Elbe, il m'avoua qu'il désirait me conserver toujours près de lui. Il tenait à me voir contracter des liens qui m'attacheraient pour toujours à cette île ; il n'avait donc pas l'intention de la quitter. »

Croit-on qu'il soit possible de trouver quelque chose de plus magnifique que le discours de cet inaltérable ami et serviteur qui, avant tout, cherche à disculper son maître et son bienfaiteur? Et qu'on n'aille pas dire qu'en parlant ainsi, c'est lui-même qu'il défendait. Il eut pu ne pas connaître les projets de Napoléon, bien qu'ils existassent cependant. Ce qu'il s'attache à démontrer d'abord, c'est la non-préméditation de la rentrée en France : avant de plaider pour lui, il plaide pour l'absent.

L'interrogatoire continua.

« La demande que vous avez écrite au ministère de la guerre, postérieurement au traité du 11 avril, en annonçant votre résolution de partir pour l'île d'Elbe, n'annonçait-elle pas aussi que vous continuiez à vous considérer comme sujet français?

— Cette lettre, répliqua l'accusé, ne renfermait aucune expression dont on pût induire que je continuais à me considérer comme sujet français, aucun engagement que je n'eusse respecté depuis. A l'époque où cette lettre fut écrite, j'avais encore un commandement dans l'armée; on n'avait pas encore pourvu à mon remplacement, et je devais jusque-là me soumettre au gouvernement que la France reconnaissait.

« Des motifs indépendants du traité m'ont déterminé d'ailleurs à écrire cette lettre, qui devenait importante et nécessaire pour la tranquillité du gouvernement provisoire.

« La garde était à Fontainebleau autour de Napoléon; elle ne recevait d'ordres que ceux que je lui transmettais en ma qualité d'aide-major. Il était essentiel d'ôter au gouvernement l'inquiétude que pouvait lui donner un corps de troupes si nombreux, si formidable, et commandé par un général qui montrait tant de dévouement à Napoléon. Cette considération m'a engagé à prévenir le ministre de la guerre que je donnais mon adhésion au gouvernement provisoire, en même temps que je lui annonçais ma résolution de profiter du traité du 11 avril pour suivre Napoléon à l'île d'Elbe. »

Et quelle réponse plus noble trouverait-on, même dans l'antiquité, que celle de Drouot au président qui lui demande s'il s'est toujours considéré comme Français :

« Dans aucune circonstance, s'écrie-t-il, l'amour du pays où je suis né ne s'est éteint dans mon cœur. Ce sentiment est né avec moi, il mourra avec moi. Quoique je fusse engagé au service d'un souverain étranger, je n'ai pas pour cela cessé d'aimer mon ancienne patrie et de faire des vœux pour elle.

« Sans doute si la France avait eu des ennemis à combattre, j'aurais prié mon souverain de me permettre de quitter l'île d'Elbe pour quelques années, de prendre rang parmi les soldats français, de verser de nouveau mon sang pour la France. »

Admirables paroles, qui furent bientôt suivies de cette déclaration :

« Abandonner le souverain auquel j'avais promis fidélité me paraissait une lâcheté. J'ai pris le parti que me dictaient l'honneur et la fidélité.

« J'étais sujet de Napoléon, reconnu souverain étranger, et dès lors, quelle que fût mon opinion sur la nature et les suites de son entreprise, je ne pouvais me refuser à le servir. Qu'il me soit permis de le dire, plus cette entreprise était périlleuse, moins j'avais la liberté de réfléchir sur sa légitimité. *Tout militaire français appréciera ma position à cet égard.* »

Les passions politiques étaient exaltées à cette époque, et on avait conseillé à Drouot de convoquer comme témoins à décharge tous ceux qui auraient pu avoir une grande influence sur les membres du conseil de guerre. Il s'y refusa complètement et, seul, le maréchal Macdonald, duc de Tarente, parut à la barre pour dire ce qu'il pensait de la conduite du général après la deuxième chute de Napoléon. Voici quel fut le témoignage du maréchal :

« J'arrivai à Bourges pour prendre le commandement de l'armée de la Loire à l'époque où le général Drouot, frappé par l'ordonnance du 24 juillet, quittait celui de la garde, pour se constituer volontairement prisonnier.

« J'appris que cette garde, pleine de confiance dans son commandant, s'était abandonnée à la sagesse de ses conseils et à sa direction, au moment très critique de la capitulation du 3 juillet, et que cet exemple salutaire entraînait l'armée. Paris fut préservé des événements désastreux dont il était menacé.

« La garde ayant été conduite au delà de la Loire, le général Drouot, par ses soins assidus et sa fermeté, la maintint dans la plus sévère discipline, et, par son exemple et ses bons conseils, l'a ralliée et franchement soumise à l'obéissance du roi.

« Le général a calmé les têtes exaltées, et en a écarté de dangereuses qui auraient pu égarer cette garde de nouveau et les porter à des excès dont les suites eussent été incalculables et terribles pour la France.

« Une si heureuse influence, si utilement appliquée à cette garde pour la cause de Sa Majesté et de la patrie, a décidé l'armée à cette soumission. Cette conduite a ainsi préservé cette partie de la France de l'invasion étrangère, des plus grands malheurs, et sauvé cette armée de ses propres erreurs.

« La vérité me fait un devoir de déclarer hautement ici, que c'est à cette bonne direction donnée aux esprits par les chefs de l'armée, que c'est à cet exemple donné par la garde, sous l'influence du général Drouot, qu'est due la résignation de l'armée à subir le licenciement que j'ai été chargé d'opérer.

« Le général Drouot est si généralement connu et estimé, que je suis dispensé de faire valoir ses mérites militaires; je ne pourrais en parler d'ailleurs sans blesser sa modestie. »

Si nous insistons sur cette période de la vie de Drouot, si nous donnons tous ces détails sur le procès qu'il eut à subir, c'est que, dans aucune circonstance de sa vie, il ne lui fut donné de mieux montrer ses sentiments d'ardent patriotisme de fidélité inaltérable à son maître, et de respect, de dévouement au gouvernement reconnu.

Le rapporteur qui prit la parole après le maréchal

Macdonald, au lieu de soutenir l'accusation, conclut à la non culpabilité de l'accusé.

« Si nous avions, dit-il, le moindre doute sur l'innocence morale de M. le général Drouot, ne serait-il pas entièrement dissipé par la déclaration de Son Excellence le maréchal, duc de Tarente, lorsque cet homme d'honneur, ce preux et loyal chevalier, ce fidèle et dévoué sujet vient attester devant Dieu et la justice la moralité, la bonne conduite, et, disons-le, Messieurs, en nous servant des propres expressions du maréchal, les services éminents rendus au roi et à la France par le général Drouot? Quel est le tribunal, quel est le juge qui, après une pareille déclaration, pourrait condamner ce général, pourrait le marquer du sceau de l'infamie et de la réprobation en le déclarant sujet rebelle et soldat traître à son roi et à la patrie? Ne serait-il pas à craindre qu'un pareil jugement ne fût une tache ineffaçable dont l'histoire et la postérité feraient justice?

« Je conclus, en conséquence, à ce que le lieutenant-général comte Drouot soit déclaré :

« 1° Non coupable d'avoir trahi le roi avant le 2 mars;

Fig. 33. — Le maréchal Macdonald qui rendit hommage à Drouot devant le conseil de guerre. Portrait peint par David. (Phot. de Braun.)

« 2° Non coupable d'avoir attaqué la France et le gouvernement à main armée;

« 3° Non coupable de s'être emparé du pouvoir par violence, lesdits délits spécifiés dans l'article premier de l'ordonnance de Sa Majesté du 24 juillet dernier. »

Pas un instant, au cours des débats, on ne vit Drouot perdre le calme absolu que nous lui connaissons. Tel il avait été sur le champ de bataille, imperturbable, soutenu par l'idée du devoir accompli et par la prière, tel il nous apparaît dans ce procès, où était en jeu tout ce qui lui tenait le plus au cœur, son honneur de soldat.

CHAPITRE IX.

Fin du procès du général Drouot. — Son plaidoyer. — Il est acquitté. — Le roi le fait appeler aux Tuileries.

Drouot n'ignorait nullement que les membres du conseil de guerre n'étaient pas favorablement disposés en faveur des accusés qu'ils avaient à juger, et que la sévérité la plus grande se manifestait dans leurs arrêts. Aussi, malgré la déclaration si catégoriquement bienveillante du maréchal Macdonald, malgré même les conclusions du chef de bataillon Delon, rapporteur du procès, conclusions dont nous avons lu le texte, l'accusé résolut d'expliquer lui-même sa conduite et de répondre aux griefs formulés contre lui.

Le discours qu'il prononça en cette circonstance et qui causa une profonde impression sur l'assistance tout entière, ancrera encore dans l'esprit de tous ceux qui le liront le respect et l'admiration pour le caractère franc, loyal et ferme de notre héros.

Voici ce document historique tel qu'il a été publié en 1816 :

« Messieurs,

« Mes moyens de défense sont renfermés dans les interrogatoires que m'a fait subir M. le rapporteur du conseil : j'ai fait connaître quelle part j'ai prise aux événements qui ont précédé le 20 mars, et j'ai répondu à toutes les objections qui m'ont été faites, plein de confiance dans la justice et l'impartialité de mes juges. Je me bornerai à leur rappeler la conduite que j'ai tenue dans les dernières circonstances; j'exposerai les faits avec simplicité, avec franchise; habitué à chercher la gloire au milieu des plus grands dangers, je ne déshonorerai point par la dissimulation une vie honorable et loyale.

« Lorsque Napoléon abdiqua l'empire en 1814, j'étais attaché à sa personne en qualité d'aide de camp; j'étais en outre aide-major de la garde. Napoléon m'avait attaché à lui dans sa prospérité; il m'avait témoigné de la confiance; je me suis fait un devoir de ne pas l'abandonner dans l'adversité, et mon attachement pour lui a augmenté avec la mauvaise fortune. Le traité du 11 avril 1814 ayant accordé à Napoléon la souveraineté de l'île d'Elbe avec le titre d'empereur et l'autorisation d'emmener avec lui quatre cents hommes de ses troupes, j'ai profité de cette autorisation pour suivre le souverain qui m'avait comblé de bienfaits; pour lui prouver ma fidélité et ma reconnaissance, j'ai renoncé aux avantages et aux espérances que m'offrait ma patrie, j'ai renoncé à ce que j'avais de plus cher au monde, au titre de citoyen français. Jusqu'au 20 avril, j'ai conservé un commandement dans l'armée française, et j'ai continué à remplir les fonctions d'aide-major de la garde; en cette qualité, j'ai reconnu le gouvernement provisoire auquel toute l'armée avait donné son adhésion. Le 20 avril j'ai renoncé à mes fonctions, et libre de tous mes devoirs envers mon pays, je l'ai quitté sans espoir de retour, décidé à consacrer le reste de mes jours au service du souverain dont je partageais le sort.

« En arrivant à l'île d'Elbe, Napoléon me nomma de suite gouverneur de l'île, et me chargea d'en prendre possession en son nom; ces fonctions conférées par un souverain étranger me faisaient perdre le titre de citoyen français et m'imposaient de nouveaux devoirs, de nouvelles obligations. Je renouvelai les serments de fidélité qui m'attachaient à Napoléon, et, dès lors, je me livrai tout entier à ma nouvelle patrie; peu à peu je cessai toute correspondance avec mes anciens amis et je ne m'occupai plus de la France que pour faire des vœux pour son bonheur et sa prospérité.

« Pendant toute cette année, le nom du roi ne fut prononcé qu'avec respect. Des gravures, chansons et pamphlets injurieux à la famille royale ayant été apportés dans l'île, j'en ai défendu la publication. J'ai éloigné les colporteurs de ces pamphlets, et j'ai pris des mesures pour empêcher qu'ils ne reparussent dans l'île. Les étrangers qui ont visité l'île d'Elbe se plairont à attester la vérité de ce que j'avance.

« Jusque vers le milieu de février, je n'ai rien vu ni entendu qui pût faire soupçonner le projet de quitter l'île d'Elbe. Les mesures qu'avait fait prendre une proposition du congrès de Vienne et le non-paiement des deux millions stipulés par le traité du 11 avril paraissaient prouver la résolution de ne point sortir de l'île. Du 15 au 20 février, Napoléon me dit que la

France était mécontente, qu'elle regrettait et demandait son ancien souverain et qu'il était disposé à se rendre aux vœux de la nation. Frappé d'étonnement, j'ai manifesté mon opposition à ce projet; mais j'étais lié à Napoléon par mes serments, et, malgré mon opposition, je n'ai pu me dispenser de le suivre. Au milieu des malheurs qui désolent la France, j'ai la consolation de n'avoir pas provoqué l'invasion qui lui a été si funeste, et d'avoir fait ce qu'il était humainement possible de faire pour l'empêcher.

« Toutes les circonstances de la marche de Napoléon vers Paris vous sont connues; ma conduite pendant cette marche a été une conséquence nécessaire du principe qui m'avait empêché d'abandonner mon souverain, et m'imposait l'obligation d'être fidèle aux serments qui m'attachaient à lui. Par suite de ce principe, j'ai dû agir dans les intérêts de Napoléon, je n'ai pu me refuser à signer une proclamation faite par lui et qui a été défigurée par les journaux. J'ai dû, malgré l'ordonnance royale du 6 mars, rester fidèle sous les drapeaux de Napoléon et fermer les yeux sur nos dangers particuliers pour n'être point infidèle et parjure. Il y a plus, si ma fidélité n'avait pas été à toute épreuve, elle n'aurait pu que se fortifier par les dangers dont j'étais menacé et par ceux que courait Napoléon. Lorsque je me reporte à cette époque malheureuse, je vois qu'il ne m'a pas été possible de me conduire autrement que je l'ai fait; aucune vue d'ambition ou d'intérêt ne m'a entraîné; toutes mes actions ont été dirigées par le sentiment le plus honorable, qui est gravé profondément dans mon cœur, *fidélité à mes serments, attachement à mon souverain.*

« Depuis le 20 mars, j'ai conservé la place d'aide de camp et celle d'aide-major de la garde que j'occupais avant l'abdication. Je n'ai reçu ni grades ni décorations : Napoléon savait que je ne voulais ni honneurs ni richesses, que tous mes vœux se bornaient à rentrer dans l'obscurité et à vivre dans la retraite.

« Lorsque Napoléon eut abdiqué, le 21 juin 1815, j'ai été dégagé des serments qui m'attachaient à lui. N'écoutant que mon attachement à la France, j'ai accepté le commandement de la garde qui me fut donné par la commission du gouvernement; je suis resté au poste que la patrie m'assignait dans ces circonstances difficiles. Je me suis exposé à de grands dangers sans doute, mais j'ai beaucoup contribué à sauver Paris et à préserver une partie de la France de l'invasion des étrangers; ce service rendu à mon pays me dédommagera de tous les malheurs qui pourraient m'arriver.

« Lorsque l'armée s'est repliée sur Paris, je n'ai rien négligé pour maintenir le bon ordre dans la garde; j'ai conservé la plus sévère discipline parmi les troupes que le malheur avait exaspérées, et qui, dans ces temps désastreux, ont donné le plus noble exemple de résignation et de discipline.

« Le corps que je commandais dans la garde était fort de 16,000 hommes; ce corps plein de confiance en mon attachement à la patrie s'est abandonné à mes conseils; son bon exemple a été suivi de toute l'armée et Paris a été sauvé.

« Arrivé sur la Loire, j'ai rallié la garde au roi et j'ai fait sentir à cette brave garde la nécessité de se soumettre franchement à Sa Majesté. Je lui ai donné l'exemple en signant le premier l'acte de soumission. Depuis ce moment, le roi a pu compter sur ma fidélité.

« Dès que j'eus connaissance de l'ordonnance royale du 24 juillet, je me soumis avec respect aux ordres de Sa Majesté. J'ai quitté le commandement de la garde le 1ᵉʳ août et je suis venu à Paris me constituer prisonnier, plein de confiance dans la justice du roi, l'équité de mes juges et la loyauté de ma conduite. C'est sous cette protection que je suis venu volontairement m'exposer aux plus grands dangers. Si je suis condamné par les hommes, qui ne peuvent juger nos actions que par les apparences et les événements, *je serai absous par mon juge le plus implacable, par ma conscience.*

« Telle a été ma conduite dans les dernières circonstances; je n'ai été guidé que par l'honneur et les obligations qui m'étaient imposées. Tant que la reconnaissance, la fidélité aux serments, l'obéissance et l'attachement au souverain seront des vertus parmi les hommes, ma conduite sera justifiée aux yeux des gens de bien.

« Quelques-uns trouveront peut-être que j'ai mal apprécié ma position, que je me suis exagéré les obligations qu'elle m'imposait; mais j'ai suivi la ligne que j'ai cru tracée par l'honneur, et je serais coupable si je m'en étais écarté. Quoique je fasse le plus grand cas de l'opinion des hommes, je tiens encore davantage au témoignage de ma conscience, et mourir

Fig. 34. — Soldat de la garde, d'après Raffet.
(Drouot eut le commandement de 16.000 hommes de la garde.)

plutôt mille fois que de résister à ses impulsions.

« J'attends, Messieurs, avec une respectueuse confiance, le jugement que vous allez prononcer. Si vous croyez que mon sang soit nécessaire pour assurer la tranquillité de la France, mes derniers moments auront encore été utiles à mon pays. Si vous n'écoutez que la voix de la justice, vous n'oublierez pas qu'à l'époque de l'invasion j'étais sujet d'un souverain étranger et dégagé de mes devoirs envers la France; que j'étais attaché à Napoléon par les liens les plus sacrés, et que, sous peine d'infamie, il ne m'était pas permis d'opter entre mes vœux et les obligations que m'imposaient mes serments. Quel que soit le sort qui m'attend, j'emporterai la consolation d'avoir servi avec zèle et désintéressement, d'avoir fait tout le bien qu'il m'a été possible dans toutes les positions où la Providence m'a placé, et d'avoir toujours aimé ma patrie, pour laquelle je ferai des vœux jusqu'à mon dernier soupir. »

Qui n'admirerait ce discours, digne du plus noble des Anciens, et révélant une vertu vraiment romaine! Où trouver une pareille simplicité de langage, atteignant à une hauteur si majestueuse que dans ces mots : « J'ai suivi la ligne que j'ai cru tracée par l'honneur, et je serais coupable si je m'en étais écarté. »

Quel mâle langage dans la bouche de ce grand chrétien : « Quoique je fasse le plus grand cas de l'opinion des hommes, je tiens encore davantage au témoignage de ma conscience, et mourir plutôt mille fois que de résister à ses impulsions! »

Dans quelle apostrophe célèbre, commentée par les historiens, transmise d'âge en âge, nous est-il donné d'admirer plus de grandiose simplicité que dans cette phrase de sa péroraison :

« Si vous croyez que mon sang soit nécessaire pour assurer la tranquillité de la France, mes derniers moments auront encore été utiles à mon pays. »

Le plaidoyer de son défenseur n'ajouta pas grand'chose au discours de Drouot.

En voici la péroraison :

« Non, Messieurs, vous ne trancherez pas le cours d'une si belle vie, vous rendrez à l'armée un guerrier qui l'honore, et à la France un de ses enfants les plus chers, qu'elle a été heureuse de retrouver, dont elle attend de nouveaux services et dont elle pleurerait longtemps la perte. »

Sitôt terminée la plaidoirie de son défenseur, Drouot

Fig. 35. — Prison de l'Abbaye. D'après une gravure du XVIIIe siècle.

fut reconduit dans sa prison. Il était trois heures de l'après-midi.

Rendons-nous, par la pensée, dans cette cellule de l'Abbaye. A la fin de ce procès où sa vie, son honneur sont en jeu, en quel état de fatigue morale, d'affaissement intellectuel allons-nous trouver Drouot? Il sait bien que beaucoup d'autres ont été condamnés; il connaît les sentiments à son égard de ceux qui lui reprochent sa grande fidélité au vaincu. Sans doute il a confiance dans l'impartialité et l'esprit de justice du roi, mais que n'a-t-il pas cependant à craindre du verdict qui va être prononcé?

Qui de nous ne le plaindrait de subir la torture des six heures d'attente qui s'écoulèrent entre l'entrée de la Cour dans la salle des délibérations et le moment où le jugement fut rendu?

Comme nous aurions tort de douter de sa force d'âme! Il s'est réconforté à la source de toute force, il s'est donné à la prière, et Dieu l'a si bien couvert de son égide que, sans crainte, sans souci de ce qui se passe au conseil, il se livre au sommeil à la même heure que chaque jour. Quand son défenseur accourt vers Drouot pour lui annoncer qu'il est acquitté, il trouve le général endormi.

Le lendemain même, Drouot était demandé aux Tuileries, près de Louis XVIII et l'accusé, presque le condamné de la veille (il n'avait été acquitté qu'à la majorité minimum de trois voix contre quatre) trouvait le prince animé envers lui des meilleurs sentiments. Cette fidélité qu'on lui reprochait de garder à Napoléon vaincu, il l'entendait jugée à sa haute valeur, exaltée même par un roi qui comprenait quelle âme et quel cœur il avait fallu au général pour rester inébranlable dans sa foi et ses convictions.

CHAPITRE X.

Drouot à Nancy. — Son désir d'aller rejoindre Napoléon. — Son désintéressement. — Ses travaux sur les fortifications. — Legs de Napoléon à Drouot. — Il refuse la députation. — Lettre de Drouot sur les devoirs du député.

C'est en plein âge mûr, à l'heure où il voyait poindre devant lui un avenir brillant, à l'heure où il pouvait espérer atteindre aux plus hautes dignités, conquérir les plus hauts grades, devenir enfin un de ces hommes qui s'imposent à l'admiration de tous leurs contemporains par la persistance avec laquelle la renommée les acclame, que Drouot quitta la vie active, renonça à ces étoiles si glorieusement conquises pour redevenir l'homme simple, le fils du boulanger, le chrétien qui cherche dans la prière les seuls plaisirs de l'âme et dans l'étude les seuls plaisirs de l'intelligence.

En parlant de l'attitude du général Drouot, nous avons eu déjà l'occasion de dire qu'il montra des vertus dignes d'un citoyen de l'ancienne Rome. C'est maintenant surtout que la comparaison s'impose. De même le Romain Cincinnatus, deux fois dictateur, oubliant les honneurs de sa charge, regagnait son modeste champ, au delà du Tibre, et conduisait lui-même sa charrue, de même Drouot, après la gloire de l'intimité impériale, après les combats glorieux, après ce procès où le duc de Tarente avait rendu un si éclatant hommage à ses vertus guerrières et à son caractère énergique, quitta le commandement sans peine et sans tristesse.

Toutes les fois au surplus que nous voulons connaître les sentiments qui animent Drouot, c'est évidemment à ses lettres que nous devons nous reporter. Ici encore, au commencement de cette nouvelle phase de sa vie, un document précieux nous dévoile les intimes désirs du général acquitté.

Pressé de quitter la capitale après le procès, il écrivait à un de ses amis d'enfance la lettre suivante :

« Je ne suis qu'un petit bourgeois pour le reste de mes jours. J'ai quarante-deux ans; il me faut donc de l'espace pour aller et venir. Le jardin me donnera quelques fruits et des fleurs que je cultiverai moi-même. »

Admirable humilité chrétienne, qui permit à Drouot de descendre avec autant de grandeur qu'il avait montré de simplicité dans son élévation.

Comme à un pèlerinage, c'est à la maison où son enfance s'était écoulée que Drouot se rendit d'abord. Que de souvenirs durent se présenter à sa mémoire, pendant qu'il parcourait les lieux chers à son cœur! Il revenait glorieux dans cette humble demeure où il avait appris de parents chrétiens les principes de ces vertus qu'il avait pratiquées toute sa vie. Le secret de cette fermeté, de cette inébranlable fidélité à la foi promise, n'est-il pas expliqué d'une façon bien naturelle quand on se rappelle les sentiments qui dès le premier âge, avaient été développés en son âme. En revoyant cette humble salle à manger, où, le soir, il veillait à la lueur d'une lampe blafarde, cette petite chambre à coucher, d'où s'étaient envolées ses prières d'enfant, ce fournil d'où il était si souvent parti par l'imagination, à la suite des grands capitaines de l'histoire, comme il dût sentir le prix du travail qui de lui, humble fils du peuple, avait fait un noble et un chef de l'armée! A l'ombre de l'église, où il avait fait sa première communion, à côté de cette école où, à trois ans, il se présentait bravement, ne dût-il pas dans une vision rapide, revivre ses années de doux bonheur? Et comme aussi vint s'imposer à lui le souvenir de sa dernière visite, le souvenir de ce lit de douleur où il avait vu agoniser le digne homme qui, grand dans sa simplicité, avait jeté dans l'âme de ses enfants la semence des vertus qui avaient germé et porté leurs fruits.

Au surplus, il avait conservé dans l'intime de son cœur le grand désir d'aller de nouveau partager l'exil de Napoléon. Ce dernier, d'ailleurs, ne doutait pas un instant de la fidélité de son ancien compagnon. Loin du bruit, il jugeait mieux les hommes qui avaient partagé sa fortune, et c'est à ce moment qu'il fit le plus grand éloge de son ancien aide de camp.

Dans ses mémoires, nous voyons cité plusieurs fois le nom de notre héros : « J'élève au plus haut point, écrit-il en un endroit, les talents et les facultés du général Drouot. J'ai des raisons suffisantes pour le croire supérieur à bien des maréchaux, et je n'hésite pas à le croire capable de commander cent mille hommes. Peut-être ne s'en doute-il pas lui-même;

Fig. 36. — Allégorie sur le rocher de Sainte-Hélène, par Horace Vernet.

ce qui ne ferait en lui qu'une qualité de plus. »

Et les années passèrent, et Drouot continua à mener une vie des plus modestes. Il avait voulu d'abord, comme nous l'avons vu, se retirer à la campagne, aux environs de Nancy, mais une chose l'avait arrêté. Qui ne connaît la camaraderie si étroite des membres de l'armée? Qui ne sait combien ce commerce entre officiers, tous d'esprit et de cœur élevés, leur rend plus facile la vie de chaque jour et combien il est difficile, pour ceux qui reviennent à la vie civile, de se priver de ces relations basées sur l'honneur et l'estime réciproques? Drouot avait rencontré, à Nancy, d'anciens compagnons d'armes, et sans trop insister, ceux-ci avaient décidé le général à rester près d'eux. Ensemble ils parlaient du passé, les souvenirs de l'un complétant les souvenirs de l'autre, et ils se distrayaient des tristesses que produisait l'inaction de l'heure présente par la réminiscence des périls anciens et des combats d'antan.

En 1820, au mois de septembre, le ministre de la guerre écrivit à Drouot pour lui offrir le traitement lieutenant général en disponibilité. Celui-ci refusa, et la raison en est, qu'espérant toujours rejoindre Napoléon à Sainte-Hélène, il ne voulait être lié par rien.

Dans sa correspondance, nous trouvons bien indiquée cette pensée qui dicta son refus :

« Je n'ai pas accepté, dit-il, le traitement de disponibilité que m'offrait le ministre de la guerre par la crainte de me voir rappelé à l'activité et de me trouver dans la nécessité de rentrer dans les emplois et les honneurs lorsque mon bienfaiteur gémissait dans les fers sur un rocher de l'Atlantique. »

Ce n'est pas une seule fois, au surplus, qu'il refusa les honneurs dont on voulait de nouveau le combler.

Louis XVIII professait à son égard l'estime la plus grande. Celui qui devait être Louis-Philippe, alors qu'il ne portait encore que le titre de duc d'Orléans, n'avait trouvé personne qui fût plus digne que Drouot de remplir la place si délicate de gouverneur des princes, ses fils. Il lui avait alors offert, mais en vain, de présider à leur éducation.

Les quatre premières années qui s'écoulèrent depuis son départ de l'armée, Drouot les passa dans l'étude. Lui qui avait vu de près la façon dont on avait défendu nos frontières pendant les campagnes successives qui avaient marqué sa carrière, s'était bien rendu compte de l'utilité des fortifications qui s'opposent à l'invasion ennemie. Hanté pour ainsi dire de cette idée qu'avec des places fortes mieux défendues et en plus grand nombre que celles dont nous disposions, nous eussions pu mieux résister aux attaques coalisées, il entassa travaux sur travaux sur cette question si importante. Avec la conscience qui le caractérisait en tous ses actes, de peur d'une erreur qui pouvait être dangereuse pour ceux qui, connaissant sa compétence, lisaient ses mémoires, avec une attention soutenue et quasi religieuse, il se rendait sur tous les points du territoire qu'il avait à décrire, examinant le terrain, étudiant tous les accidents qui pouvaient servir pour la défense, et y cherchant avec le plus grand soin les points faibles. Il livrait ensuite des travaux qui étonnaient toutes les personnes compétentes par la lucidité et la science qui y étaient déployées.

En 1821, Drouot était disposé à partir rejoindre Napoléon, quand tout à coup il apprit que son ancien maître venait de mourir.

Nous pourrions aisément nous figurer la douleur de Drouot à cette nouvelle, mais tout ce que nous supposerions n'exhalerait pas la même impression navrée que nous ressentons à la lecture du *Moniteur de l'armée*, du 10 avril 1847. Nous trouvons là un document que livre au public un de ses anciens compagnons d'armes, le capitaine Collin. Il rapporte une convertion que nous relatons dans sa simplicité émue :

« Un jour, Drouot, avec qui j'avais pris l'habitude de me promener à cheval tous les matins, me fit demander de partir plus tôt que de coutume; c'était pendant le mois de juin. Nous gagnâmes rapidement un petit bois qui couronne Dommartemont; alors s'arrêtant: « Eh bien, mon vieux camarade, me dit-il, il y
« a quatre jours, vous le savez, mes passeports étaient
« enfin arrivés..... encore une semaine et j'étais en
« route pour Sainte-Hélène,... mais il est mort... oui,
« l'empereur est mort... » et le visage inondé de larmes, Drouot ajouta : « J'avais tant besoin de pleurer! » Je ne pouvais le consoler, moi qui étouffais, car mes larmes ne coulaient pas.

« Après avoir mis pied à terre, Drouot erra pendant quatre heures dans les montagnes en répétant ces seuls mots : « L'empereur est mort et je n'ai pu le revoir !.. »

« Cette journée, ajoute le capitaine Collin, fut bien certainement l'une des plus cruelles de toute la vie de mon bon général. »

Et cela se conçoit, car il avait aimé l'empereur et l'empire avec une passion toute chevaleresque; l'empire parce qu'il l'estimait le plus haut point de gloire où la France fût parvenue depuis Charlemagne; l'empereur, parce qu'il avait vécu avec lui pendant deux années de souffrances et de revers et qu'il avait senti le cœur de l'homme à travers l'éclat du prince et l'orgueil du conquérant. La chute de ces deux géants, l'empereur et l'empire, fut pour lui un coup dont nous ne pouvons nous faire aucune idée, nous, déjà si loin des événements et qui n'y avons pris d'autre part que d'en lire, sur un papier froid et souvent ingrat, le pâle récit; mais ceux qui avaient mis dans ce prodigieux édifice vingt années de leurs fatigues et de leur sang, ceux qui avaient vieilli sur les champs de bataille entre la gloire et la mort, à tout moment présentes et confondues, et qui, dans l'élévation de la France croyaient avoir servi une cause patriotique et juste, ceux-là devaient éprouver, le jour où tomba cet ouvrage, une angoisse d'âme que nous aurions vainement l'espoir de peindre ou de ressentir. Drouot l'éprouva d'autant plus, dans son âpre et généreuse amertume, que seul entre tous il ne perdait rien.

L'empereur, si élevé de caractère que nous le supposions, ne pouvait échapper au sentiment profond de sa ruine personnelle. D'autres avaient à s'inquiéter de leur part dans le nouveau régime qui s'inaugurait. Pour Drouot, s'il n'eût regardé que lui-même, la fin de l'empire était une délivrance depuis longtemps souhaitée; il y avait déjà bien des jours qu'il aspirait à quitter la vie publique..... Il était assurément désintéressé, quant à lui-même, dans la catastrophe de son prince et de son pays, elle ne le touchait que comme un simple soldat, et c'est pourquoi il en reçut le coup tout entier (1).

Si le général Drouot n'avait pas, une minute de sa vie, oublié le maître qu'il avait servi avec tant de dévouement, celui-là non plus n'avait pas perdu le souvenir de la fidélité de son compagnon d'armes.

Dans son testament Napoléon légua 100,000 francs à l'ami des mauvais jours plutôt qu'à l'aide de camp des soirées victorieuses, et par un codicille, il doublait cette somme. Mais ce qui, bien plus que le don de cet argent, émut jusqu'aux larmes le général Drouot, ce fut le souvenir plus intime que l'empereur avait fixé dans l'expression de ses dernières volontés. A l'heure où il revivait sa vie passée, à l'heure où les hommes qui

---

(1) Éloge funèbre du général Drouot, par le R.-P. Lacordaire.

l'avaient entouré étaient, pour ainsi dire, de sa part, l'objet d'une dernière sélection, c'est Drouot qui se présentait tout d'abord à sa mémoire : « je nomme, dit-il en effet, le comte Las-Cases, et, à son défaut, son fils, à son défaut, le général Drouot, trésorier. »

Comme on le voit, il était en bon rang dans la confiance d'un empereur qui, certes, s'y connaissait en hommes.

Ce legs de 200,000 francs ne fut jamais intégralement touché par Drouot qui n'en put obtenir que le tiers environ. Encore verrons-nous l'usage que fit de cette petite fortune celui dont Napoléon disait : « C'est un homme qui vivrait aussi satisfait, pour ce qui le concerne personnellement, avec quarante sous par jour qu'avec les revenus d'un souverain ; plein de charité et de religion, sa morale, sa probité et sa simplicité lui eussent fait honneur dans les beaux jours de la république romaine. »

Tout entier à ses souvenirs, Drouot ne voulut plus entendre parler ni d'honneurs ni de dignités. Il vivait, comme il l'avait souhaité, à l'ombre du clocher natal, et le curé de sa paroisse avec les anciens camarades de l'armée constituaient son unique société. Comme

Fig. 37. — La prière du vieux soldat pour l'empereur.
D'après une lithographie de Charlet.

aux jours de sa prime jeunesse, les grandes solennités religieuses formaient encore ses fêtes. Ce vaillant entre les vaillants éprouvait d'infinis ravissements aux lentes harmonies de l'orgue. Celui qu'avait tant excité la fumée de la poudre sentait son âme s'élever vers l'Éternel avec la fumée de l'encens. Il partageait son temps entre la prière, la lecture, la confection de ses mémoires et des rapports sur tout ce qui pouvait intéresser la France militaire. Sans doute il restait absolument en dehors de toute fonction et de toute charge, mais il ne s'en tenait pas moins au courant de ce qui intéressait sa patrie, sans omettre de donner son avis sur les questions à l'ordre du jour, quand il se sentait la compétence nécessaire pour les traiter utilement.

C'était un devoir auquel il ne se déroba jamais Les anciens compagnons d'armes et lui, dans les longues causeries du soir, discutaient utilement les réformes proposées, les projets nouveaux qui concernaient l'armée. Drouot alors, résumant les opinions contraires, les discutait avec sa grande compétence et tirait bientôt la conclusion la plus conforme aux intérêts de la patrie.

En 1827, ses concitoyens voulurent absolument lui confier le soin de les représenter à la Chambre des députés. Tout en repoussant l'honneur qu'on voulait lui faire, il ne crut pas devoir se désintéresser de la question si importante de la réprésentation des électeurs par l'élu. Voici ce qu'il écrivait, la même année, à un des députés du département :

« Monsieur,

« Vous désirez avoir mon avis sur la conduite que vous devez tenir pour bien remplir les fonctions qui viennent de vous être confiées ; je m'empresse de répondre à la confiance dont vous voulez bien m'honorer en vous exposant les principes qui, selon moi, doivent diriger un bon et loyal député :

« 1° Vous serez fidèle au roi, à la charte ; votre fidélité inviolable à l'un et à l'autre peut seule assurer la tranquillité et le bonheur de la France ;

« 2° Mandataire du peuple, vous défendrez avec intrépidité les libertés publiques ; mais vous n'oublierez pas que le gouvernement a besoin de force et de considération pour se faire respecter au dehors, pour inspirer dans l'intérieur la confiance et l'amour, et pour diriger avec succès les rouages d'une vaste administration; vous regarderez comme un devoir sacré de défendre la majesté du trône et de conserver avec un respect religieux les droits et les prérogatives de la couronne;

« 3° Vous voterez avec les ministres quand leurs propositions vous paraîtront utiles à la France; mais vous voterez contre les mesures qui porteraient la moindre attaque à la charte, à la justice ou à la morale publique; vous repousserez avec indignation tout ce qui pourrait altérer ou corrompre le noble caractère d'une nation franche, loyale et généreuse;

« 4° Vous ferez honorer la religion et les ministres des autels qui suivent avec humilité les préceptes de notre divin Maître;

« 5° Vous proposerez toutes les économies qui vous paraîtront compatibles avec la justice, l'intérêt et la dignité de la France; c'est dans les années de calme et de repos qu'il faut diminuer les dépenses, approvisionner les places et les arsenaux et se préparer des ressources pour les temps difficiles. Si jamais la France était menacée dans son honneur et dans son indépendance, vous pourriez alors nous imposer les plus lourdes charges. Nous serions prêts à sacrifier nos biens et notre vie pour le salut de notre chère patrie;

« 6° Pendant la durée de vos fonctions, vous n'accepterez ni emploi ni faveur d'aucune espèce. Si vous avez bien rempli votre mandat, la reconnaissance de vos concitoyens sera pour vous la plus douce et la plus honorable des récompenses.

« Voilà, Monsieur, les principes qui, selon moi, doivent guider un député; appuyé sur ces principes, vous marcherez d'un pas assuré dans la carrière honorable que vos concitoyens viennent d'ouvrir devant vous. Étranger aux factions, aux partis, aux coteries, vous n'aurez d'autre passion que l'amour du bien public, d'autre ambition que d'assurer le repos de la France, son bonheur et sa prospérité.

« Vous regrettez que je ne sois pas admissible à la Chambre des députés, je ne puis en effet prétendre à cet honneur, puisque je ne paye pas le cens voulu par la loi; vous savez d'ailleurs que l'état de ma santé me met dans l'impossibilité de remplir des fonctions publiques. Plusieurs fois les électeurs de Nancy ont témoigné le regret de ne pouvoir m'honorer de leurs suffrages; les marques de confiance, d'estime et d'affection qu'ils m'ont données dans toutes les circonstances font la grande consolation de ma vie.

« J'ai l'honneur, etc.

« Général Drouot. »

Lettre digne de celui dont nous avons jusqu'ici admiré la conduite tout entière de ferme honnêteté et d'inébranlable conviction.

CHAPITRE XI.

Drouot nommé au commandement de deux divisions. — Il accepte d'être lieutenant de la garde nationale de Nancy. — Drouot, grand' croix de la Légion d'honneur et Pair de France. — Il devient aveugle. — Dévouement de Mme Lacretelle. — Lettre d'un de ses anciens canonniers. — La question des fortifications de Paris.

Drouot s'était imposé à l'admiration de Louis XVIII par la grandeur de son caractère et Charles X faisait de lui le plus grand cas. Quand éclata la révolution de 1830, Drouot, au milieu des troubles sérieux qui éclatèrent à Nancy, montra une telle énergie qu'il sauva d'un péril certain le général, marquis de Pange, à qui on voulait imposer le port de la cocarde tricolore et qui se refusait à la substituer à la cocarde blanche.

Louis-Philippe avait déjà montré combien il avait de sympathie pour Drouot quand il lui avait proposé le poste de gouverneur de ses enfants. Dès son arrivée au pouvoir, il se rappela notre héros et ne crut rien faire de mieux que de lui confier le commandement de deux divisions.

Tout malade qu'il était, Drouot accepta la périlleuse mission qui lui était confiée, ne sachant pas ce que c'était que de se soustraire à un danger imminent. On le vit, tout infirme déjà, partout où il y avait des troubles à réprimer, de la discipline à faire renaître dans les cadres. L'influence de ce général de la Grande Armée empêcha bien des exactions de la foule, bien des défections des soldats.

Mais Drouot avait trop présumé de ses forces, et il fut bientôt obligé, avec quelle douleur nul ne le saura, de quitter son commandement pour rentrer à Nancy. On lui offrit alors le grade de lieutenant de la garde nationale de cette ville et il accepta.

Il y a lieu ici de suspendre un instant notre récit pour répondre à quelques critiques que certains historiographes ont adressées à Drouot en cette circonstance. On lui a vivement reproché d'avoir accepté ce grade inférieur, lui qui avait commandé en chef. Allant plus loin même, on est allé jusqu'à prétendre que les événements qui se produisirent à cette époque avaient troublé l'esprit du vieillard. Pour nous, le fait, par lui, d'avoir accepté un grade subalterne ne saurait ni nous étonner ni nous déplaire. Drouot nous paraît ici tel que nous l'avons toujours connu, animé avant tout du profond amour de la patrie, soucieux de se rendre utile à son pays et, dans sa chrétienne humilité, sachant, chose rare, descendre volontiers des sommets où la fortune des batailles l'avait fait monter. C'est le même caractère qui se manifeste encore en cette circonstance, et ce serait, à notre avis, en méconnaître la grandeur que de critiquer cet acte si simple de modestie.

Deux lettres, datées de cette année 1830 nous montreront combien ardentes étaient demeurées les affections du vieux soldat pour tout ce qui avait constitué les amours de sa jeunesse. C'est d'abord une réponse au général Petit, qui avait pris son avis sur la destination qui lui paraîtrait convenir à l'ancien drapeau des grenadiers de la garde impériale :

« La France, répond Drouot, ayant reconquis ses glorieuses couleurs, ne doit pas être privée du drapeau dont vous avez bien voulu être le dépositaire.

« Ce monument ne saurait être mieux placé qu'aux Invalides, sous les yeux de ces nobles débris de l'armée. »

La seconde lettre, datée de la fin de septembre, est adressée au maire de Nancy et a trait à la remise qui avait été faite aux troupes du drapeau tricolore.

En voici le texte :

« Monsieur le Maire,

« Vous avez été témoin de l'enthousiasme montré par l'artillerie de la garde nationale, quand il fut question de marcher à la défense de la patrie. Au premier appel que fera le roi Louis-Philippe, la jeunesse lorraine marchera aux frontières... mes infirmités, quelques graves qu'elles soient, ne m'empêcheront pas de partir avec notre brave garde nationale; je serai heureux de lui prouver tout le prix que j'attache à l'honneur de servir dans ses rangs et d'offrir sous ses yeux les dernières gouttes de mon sang au roi et à la patrie. »

Le 18 octobre 1830, Drouot était nommé grand'croix

de la Légion d'honneur et le 19 novembre 1831, il recevait le titre de Pair de France. Louis-Philippe voulait même lui confier le commandement de l'École polytechnique, mais, hélas, la santé toujours plus chancelante du vieux général l'obligea à refuser cet honneur et cette charge.

En 1831, Drouot subit une maladie très grave, et le bruit courut qu'il était mort. Quelle joie il dut éprouver, quand, pendant sa convalescence, il lui fut donné de lire la lettre suivante d'un de ses anciens canonniers, lettre qui, dans sa naïveté, montre d'une façon péremptoire l'amour de ses anciens soldats, de ceux à qui il avait commandé avec la jus-

Fig. 38. — Drouot, lieutenant de la garde nationale. (Le général, dans sa chrétienne humilité, avait accepté ce grade.)

tice, mitigée par l'indulgence, d'un vrai disciple du Christ!

Paris, 6 décembre 1831.

« Mon général,

« J'avais appris hier une chose qui me faisait beaucoup de peine; on disait que vous étiez mort, et on m'avait fait lire, pour me le prouver, un papier que je vous envoie, parce qu'il contient sur votre compte des choses très bien dites et qui surtout sont très justes et vraies. Il y a un proverbe qui dit qu'on doit dire la vérité aux morts. Celui qui a mis cet article dans le *Journal de Paris* du 5 décembre 1831, avait cependant oublié une chose, et qui est essentielle à mon idée, c'est de dire la manière dont vous saviez parler aux soldats et les gouverner.

« C'est une belle chose que la science, mon général, mais, moi, je dis que ce n'est pas tout; la principale chose, selon moi, c'est de se faire aimer du soldat, parce que si le colonel n'est pas aimé, on ne se soucie pas beaucoup de se faire tuer par les ordres de quelqu'un que l'on déteste.

« A Wagram, en Autriche, par exemple, où ça chauffait si fort et où notre régiment a tout fait, est-ce que vous croyez que si vous n'aviez pas été aimé comme vous l'étiez, les canonniers de la garde auraient aussi bien manœuvré? Vous vous rappelez qu'après la bataille, il manquait à l'appel vingt-cinq hommes par compagnie dans l'artillerie de la garde; l'empereur fut si content qu'il fit donner la croix à tous les sous-officiers.

« Moi, mon général, je le répète, je n'ai jamais trouvé un colonel qui sût parler comme vous à un soldat; vous étiez sévère, j'en conviens, mais juste. Jamais un mot plus haut l'un que l'autre, jamais de jurements, jamais de colère, enfin vous parliez à un soldat absolument comme s'il eût été votre égal.

« Il y a des officiers qui parlent aux soldats, comme s'ils étaient les égaux des soldats, mais ça ne vaut rien du tout, suivant moi.

« Je prends la liberté de vous faire écrire ces quelques lignes par un de mes amis, parce que vous m'avez rendu un service que je n'ai pas oublié. Quand je suis sorti de la garde, par réforme, à cause d'une blessure que je m'étais faite dans une manœuvre, le ministre ne voulait pas me donner la pension que je méritais;

mais vous avez eu la bonté de prendre vous-même la plume et de me faire la pétition la plus soignée que j'aie jamais vue; vous l'avez fait transcrire par un sergent et vous l'avez apostillée. Quand le ministre a vu comme la chose était dite, ma foi, j'ai eu ma pension tout de suite, et toutes les fois que je vais à la caisse, je me dis en moi-même : C'est tout comme si cet argent-là sortait de la poche du général Drouot, car sans lui je n'avais rien.

« J'ai encore appris avec plaisir que Louis-Philippe vous avait fait Pair de France, comme sous l'empereur en 1815.

« Il y a le fils d'un bourgeois que je connais qui dit que vous refuserez, mais je crois qu'il se trompe; car l'empereur est mort (malheureusement) et votre serment doit mourir aussi.

« Excusez, mon général, un vieux canonnier de votre régiment de vous importuner; mais quand j'ai su que vous n'étiez pas mort, j'ai senti un tel plaisir que j'ai voulu vous faire mes compliments.

« Signé : Maillot »

Dieu réservait à Drouot une peine suprême. A celui

de qui le travail et la lecture composaient toute la vie, la vue fut retirée. Drouot devint complètement aveugle. Il supporta cette épreuve avec le même héroïsme qu'il avait toujours montré et la même résignation

Fig. 39. — Retour des cendres de l'Empereur. Passage du cortège dans les Champs-Élysées, 15 décembre 1840. D'après un dessin de Ferogio et Girard. (Ce retour fut une des grandes joies de la vieillesse de Drouot.)

aux desseins du Très-Haut. Celui-ci au surplus suscita à l'esprit d'une femme, aussi remarquable par sa piété que par son intelligence, la noble pensée de venir adoucir les douleurs du vieillard. Mme Lacretelle était la parente de l'historien et du célèbre littérateur, membre de l'Académie française. Elle venait quotidiennement près de lui, lui faisait la lecture et lui servait de secrétaire. Il sentait ainsi près de lui une affection respectueuse et dévouée qui était douce à son infortune.

L'année suivante lui réservait une nouvelle épreuve.

Les jambes lui refusèrent tout service et il dut s'aliter.

Qui pourra dire, pendant les longues heures passées ainsi, sans même la distraction des yeux qui se promènent d'un objet à un autre, les réflexions, les souvenirs qui traversèrent le cerveau du vieillard! Maintenant que toute activité lui était interdite, comme la pensée devait l'emporter vers les anciens champs de bataille, à l'époque où il traversait l'Europe pour courir d'un ennemi à un autre. Qui pourra dire les navrantes tristesses de ces souvenirs d'antan! Il envisageait la mort sans effroi, et dès 1835 nous le voyons s'occuper du sort qu'auront, après lui, les chères reliques des jours heureux.

En adressant au maire de la ville de Nancy divers objets qui avaient appartenu à Napoléon, et qu'il voulait léguer à ses compatriotes, il écrivait la lettre suivante :

« Monsieur le Maire,

« J'ai l'honneur de vous offrir pour le musée de Nancy une étoile de la Légion d'honneur qui a été portée par l'empereur Napoléon, et un médaillon renfermant de ses cheveux qui ont été rapportés de Sainte-Hélène. Ces objets pourront être placés près du sabre turc qui m'a été donné par l'empereur et dont j'ai fait hommage à ma ville natale le 5 décembre dernier. La vue de ces précieux souvenirs sera toujours chère à ceux qui savent combien l'empereur aimait les Français; ils n'oublieront jamais que si Napoléon aimait passionnément la gloire, il aimait encore davantage la France.

« J'ai l'honneur d'être, etc.

« Drouot. »

Une grande joie était cependant réservée au vétéran de nos gloires nationales. Conformément au vœu qu'en avait exprimé son maître, celui qu'il ne pouvait se consoler de n'avoir point assisté dans son exil, les cendres de Napoléon venaient reposer « sur les bords de la Seine », en terre française. Oh! alors, comme il trouve, pour exprimer son bonheur, des accents émus :

« Le retour des cendres de l'empereur a comblé mes vœux et mes espérances; chaque jour je bénis la sagesse royale d'un grand acte de réparation, et je rends des actions de grâce à la Providence qui m'a accordé la consolation d'être témoin de cet heureux événement. »

A ce sujet, un épisode de la vie de Drouot, que nous ne saurions passer sous silence, nous est raconté par le général Ambert.

« Un prêtre de Nancy exprimait un jour au général son étonnement de lui voir professer une aussi grande admiration pour l'empereur Napoléon. Le général répondit : — Monsieur le curé, je vais vous raconter une scène dont j'ai été témoin et qui vous fera comprendre ce que vous nommez mon admiration. Le soir d'une grande victoire, Napoléon recevait dans sa tente les félicitations de ses généraux. « Sire, dit l'un « d'eux, c'est le jour le plus heureux de votre vie. — « Non, s'écria l'empereur, non, général. » Un autre général prononça le nom de Montenotte; un troisième rappela le 18 brumaire; un autre, Marengo. « Non, » disait toujours Napoléon. Enfin deux ou trois maréchaux s'écrièrent : « Austerlitz; le couronnement; la « naissance du roi de Rome. — Non, messieurs, » répéta l'empereur. Alors d'une voix grave, il dit : « Le « plus beau jour de ma vie a été le jour de ma pre- « mière communion. »

« Les généraux gardèrent le silence. Un seul sentit une larme glisser dans sa paupière; c'était Drouot. L'empereur s'approcha et lui tendit la main. »

La maladie ne pouvait vaincre Drouot, et, malgré ses souffrances, il n'en continuait pas moins à travailler avec l'aide de sa charitable gardienne. Pas une des questions qui intéressât l'armée ne le laissait indifférent. On prisait si haut ses capacités militaires qu'on ne manquait pas de l'interroger sur tout ce qui touchait à l'armement et à la fortification. C'est ainsi que lorsqu'il fut question de l'enceinte continue à élever autour de la capitale, il prit vivement parti dans le débat qui surgit alors, comme nous le montre une note du *Constitutionnel,* de cette époque :

« On nous écrit de Nancy, dit le rédacteur de cette note, que notre excellent compatriote, le général

Drouot, malgré ses infirmités et l'état presque complet de cécité dans lequel il se trouve si malheureusement, s'occupe constamment de tout ce qui intéresse la dignité et la grandeur de cette patrie qu'il a servie avec tant de zèle, de lumière et de dévouement. Il est un des partisans les plus consciencieux du projet de la fortification de Paris, qu'il a dès longtemps étudiée et qu'il juge plus que jamais nécessaire.

« Dans tous ses entretiens avec ses amis, il s'en explique avec cette chaleur, ce patriotisme, cette sincérité qui le distinguent si éminemment parmi ses plus illustres contemporains.

« L'opinion d'un militaire d'une si haute expérience, d'un citoyen d'une si haute vertu, doit être d'un grand poids et nous sommes heureux de compter ce vrai et sincère patriote parmi ceux qui, étrangers à tout esprit de parti, mettent la défense du pays au-dessus de toutes les vanités de l'amour-propre et de toutes les manœuvres de l'ambition. »

CHAPITRE XII.

Rapport du général Drouot sur les fortifications de Paris. — Charité inépuisable du vieillard. — Sa mort.

Le rapport auquel le *Constitutionnel* fait allusion fut envoyé par Drouot à M. Moreau, député de la Meurthe et premier président de la cour royale de Nancy. Nous en donnons le texte, car nous voyons par ce document combien, à soixante-sept ans, le vieux général avait conservé avec sa lucidité d'esprit les admirables facultés de précision qui lui avaient valu ses succès d'autrefois.

Nancy, 24 mars 1841.

« Cher Président,

« Par votre lettre du 18 mars, vous me priez de vous faire connaître mon opinion sur les fortifications qui doivent entourer la capitale; je vais vous satisfaire en peu de mots.

« Quatre systèmes sont en présence :

« 1° Forts extérieurs revêtus en maçonnerie et casemates;

« 2° Une enceinte continue, bastionnée, terrassée avec escarpe revêtue en maçonnerie;

« 3° Forts extérieurs, protégés par une enceinte de sûreté, consistant en un mur crénelé, protégé et flanqué en quelques endroits par des bastions;

« 4° Forts extérieurs, protégés par une enceinte bastionnée, avec escarpe revêtue en maçonnerie;

« Voyons donc ces quatre systèmes.

« 1° Les forts extérieurs sont indispensables pour retenir l'ennemi loin de la ville, le forcer à disperser, sur un circuit d'une immense étendue, ses troupes et ses moyens d'attaque, et pour mettre la ville à l'abri de ses projectiles; mais les forts n'atteindraient pas le but qu'on se propose, s'ils n'étaient protégés en arrière par une enceinte fortement constituée. En effet, si les corps ennemis passaient par les intervalles des forts pour venir insulter le mur d'octroi et menacer la ville, on verrait en peu de temps s'anéantir toute la défense extérieure; et les forts, dans la crainte de compromettre les grands intérêts que renferme Paris, capituleraient longtemps avant l'épuisement de leurs moyens de résistance.

« L'histoire ne nous apprend-elle pas qu'il faut rarement compter avec la vigueur et l'énergie des hommes, lorsqu'ils peuvent se déguiser à eux-mêmes leur faiblesse et leur timidité sous des prétextes plausibles d'intérêt public?

« 2° Enceinte continue, bastionnée et revêtue.

« Cette enceinte ne suffirait pas si elle était seule pour garantir la sûreté de la capitale. En effet, dès les premiers jours de son apparition, l'ennemi parviendrait à des positions, que les forts extérieurs ne lui permettraient d'occuper qu'après une grande perte d'hommes et de temps et après l'épuisement presque total de ses moyens d'attaque; dès l'établissement des premières batteries, les faubourgs seraient exposés à tous les ravages des projectiles de l'assiégeant.

« 3° Forts extérieurs, protégés par une enceinte de sûreté.

« Les forts ne trouveraient pas dans cette enceinte une protection qui leur permît de faire une vigoureuse résistance; les corps ennemis pourraient s'avancer par les intervalles des forts jusqu'à une petite distance de l'enceinte de sûreté, y établir des batteries que le travail d'une seule nuit pourrait masquer et couvrir suffisamment, causer du dommage à cette enceinte et jeter l'effroi et l'inquiétude dans toute la ville. La crainte ne manquerait pas d'exagérer l'effet de ces batteries; la défense en serait paralysée et bientôt on songerait à capituler.

« Vous me parlez de Smolensk; mais il n'y a aucune parité entre ce qui se passa à Smolensk et ce qui aurait eu lieu devant l'enceinte de sûreté; cette place était entourée par une muraille extrêmement épaisse, flanquée de tours qui étaient armées de canons.

« Nous avançâmes en rase campagne et en plein jour, et nous tirâmes presque toujours à grande distance; les réserves de douze de la garde impériale que je dirigeais ne s'occupèrent point de la muraille, et s'appliquèrent à éteindre le feu des pièces qui incommodaient les troupes et en avant desquelles nous étions postés; quelques boulets perdus frappèrent seuls la muraille.

« 4° L'enceinte continue, bastionnée, avec escarpe

revêtue en maçonnerie, assure seule d'une manière efficace la défense extérieure et met la ville à l'abri de tous dangers. Un corps ennemi aurait-il la témérité de passer entre les forts pour s'approcher de cette enceinte, il serait aussitôt foudroyé et réduit en poudre par les nombreuses pièces qu'on établirait sur tous les fronts qui auraient vue sur son mouvement.

« Le quatrième système réunit tous les avantages; il n'a d'autre inconvénient que d'occasionner une très grande dépense; il exigera en effet cent quarante millions, mais cet argent sera placé à de très gros intérêts.

« Une fois que la sûreté de Paris reposera sur un bon système de fortifications, on pourra diminuer sensiblement l'effectif de l'armée sur pied de paix, ce qui produira chaque année une économie qui excédera de beaucoup les sept millions qui représentent les intérêts du capital dépensé.

« Ma conviction des avantages de ce quatrième système est si profonde que, si les travaux s'exécutaient par souscription, j'offrirais tout ce que je possède, compris même ma pension de retraite; et comme il ne me resterait plus aucun moyen d'existence, j'irais passer le reste de mes jours à l'hospice des vieillards, où j'occuperais une des places que j'ai fondées en faveur de mes vieux soldats ; je serais heureux, au moment de descendre dans la tombe, d'avoir contribué à l'exécution d'une mesure qui assurera l'indépendance et la prospérité de mon pays.

« Je vous prie, cher président, d'agréer mes sentiments les plus affectueux,

« Général Drouot. »

Tout commentaire de la dernière phrase de ce rapport ne pourrait, à notre avis, qu'affaiblir le profond sentiment d'admiration qu'elle inspire à toute âme bien née.

Drouot faisait allusion, à la fin de ce document, à un des innombrables actes de sa charité. Sur onze mille cinq cents francs de rentes qu'il possédait, il se contentait d'en dépenser deux mille quatre cents, et le reste, tout le reste, constituait le patrimoine des pauvres. Nul ne frappait en vain à sa porte; nul ne s'adressait à son cœur sans ressentir les bienfaisants effets de sa bonté.

Combien d'anciens soldats furent secourus par lui!

« Je suis heureux, écrivait-il, mille fois heureux d'avoir pu reconnaître les bienfaits de l'empereur en les répandant sur des soldats qui ont supporté les fatigues de nos longues guerres sans en recevoir la ré-

Fig. 40. — Bienfaisance du général Drouot. D'après un bas-relief du monument élevé par la ville de Nancy.

compense, et surtout sur les braves vétérans de la garde qui ont suivi mon bienfaiteur à l'île d'Elbe, et qui lui ont donné tant de preuves de leur amour et de leur dévouement. »

Mais le vieillard sentait de jour en jour ses forces diminuer, sans, pour cela, perdre un instant sa chrétienne résignation.

« Depuis vingt ans, mon cher colonel, écrivait-il quelques mois avant sa mort à un de ses vieux amis, je subis de bien rudes épreuves; mes infirmités ont commencé au mois de février 1826, et depuis treize ans elles ont été aggravées par une cécité complète. Pendant ces vingt années, j'ai supporté beaucoup de souffrances et de privations. Je ne m'en plains pas, parce que je n'ai jamais été privé des consolations qui adoucissent les maux et les misères de la vie.

« Souvent et surtout depuis cinq mois, j'ai cru que l'heure de la délivrance allait sonner; j'en éprouvais une indicible joie; j'étais heureux en pensant que dans quelques heures, je recevrais dans un autre séjour le dédommagement des longues souffrances physiques et des peines morales non moins douloureuses que j'ai eu à supporter sur la terre. »

Pendant l'hiver de 1846, les forces du général Drouot déclinèrent si rapidement et ses infirmités devinrent d'une gravité telle qu'il ne fut plus permis à ceux qui l'entouraient de se faire illusion sur l'imminence d'une issue fatale. Lui, le premier, se rendait bien compte de son état, et, dans ses méditations sur la vie passée que rien ne venait troubler, puisque même la vue des choses extérieures lui échappait, il trouvait matière à une immense action de grâces envers l'Éternel. Il parlait peu, plongé dans ses réflexions, souffrant avec une héroïque résignation les maux que Dieu lui envoyait ; il se préparait à se présenter au dernier rapport, lui qui avait si souvent rendu compte de ses actes à son chef terrestre.

L'histoire nous a conservé la dernière pensée que Drouot put émettre par écrit, quand sa main vacillante lui refusait tout service :

« Arrivé près du terme de ma carrière, j'attends en paix qu'il plaise au Seigneur de me rappeler à lui et de m'admettre, comme je l'espère, dans le séjour où seront récompensés ceux qui ont bien aimé et bien servi leur patrie. »

Oh ! les mélancoliques souvenirs d'antan, depuis la religieuse vision de son enfance jusqu'à son apothéose sur les champs de bataille, quand le grand capitaine l'appelait le « Sage de la grande armée ». Comme dans le calme de sa retraite, dans le silence de ses derniers jours devait résonner encore le bruit de la mitraille, éclater les fanfares joyeuses des entrées triomphales dans les pays conquis. N'est-ce pas que notre héros doit surtout regretter cette magnificence d'une destinée heureuse, cette grandeur si inespérée? N'est-ce pas qu'à cette heure, il est bien naturel qu'il attache surtout son souvenir à ces jours d'action et de victoires qui constituent sa jeunesse? Qui d'entre nous, arrivé à cette dernière rêverie, n'attarderait ses regrets aux brillants jours de sa vie?

Eh bien, non. Au-dessus des sentiments inhérents à la nature humaine, au-dessus même des sentiments si respectueux d'affection et de fidélité au maître qu'il avait tant aimé, Drouot sentait vivre son amour pour la pieuse retraite où il s'est confiné.

Écoutez-le parler, quand, le soir, entouré de ses anciens compagnons dont la mort a diminué le nombre de jour en jour et dont les survivants se pressent autour de lui, mêlés à ses neveux, il manifeste l'état de son âme par quelques paroles de souvenir :

« J'ai de graves infirmités, dit-il, et cependant, si j'avais encore vingt ans, je demanderais à Dieu de recommencer les vingt dernières de ma vie; car, aujourd'hui, arrivé près du terme de ma carrière, j'attends en paix qu'il plaise à Dieu de me rappeler à lui pour me réunir à mon père, à ma mère et à mon empereur. »

L'hiver s'écoula, et justement il fut d'une rigueur telle que la misère étreignit toute une partie de la population nancéenne. On eut dit que Drouot voulût se

Fig. 41. — Cour de l'hospice Saint-Julien. (Drouot laissa une somme pour fonder un lit de vieillards à cet hospice.)

présenter devant le Seigneur pur de toute fortune, riche seulement du bien qu'il avait fait. Pas un pauvre ne frappait en vain à sa porte; pas une misère n'implorait vainement son secours. Il donnait, donnait toujours, n'ayant plus besoin pour lui-même que de faibles ressources, et ses dépenses devenant de moins en moins appréciables. Et sa charité fut si inépuisable qu'un jour vint où il ne lui resta plus rien à donner.

C'est à ce moment qu'il apprit indirectement la détresse contre laquelle se débattait une famille pauvre de son voisinage. Sa douleur à cette nouvelle fut très vive; il s'accusait presque de l'impossibilité dans laquelle il se trouvait de ne pouvoir venir en aide aux pauvres gens qui souffraient près de lui.

Tout à coup, son visage s'illumine; un éclair de bonheur luit sur sa face contractée habituellement par les souffrances qu'il endure. Il vient de se rappeler qu'il lui reste le moyen de faire encore la charité.

Il y avait chez Drouot une relique, qu'il ne pouvait regarder, avant que ses yeux lui eussent refusé tout service, sans qu'une larme vînt humecter sa paupière. C'était un grand uniforme de général, qu'il avait endossé dans les jours heureux de sa vie. Cet habit lui rappelait toute la splendeur d'autrefois : les parades brillantes, les honneurs du commandement, et surtout les jours passés en compagnie de son maître.

Drouot n'hésita pas. L'étoffe n'avait aucune valeur, mais il était orné de broderies d'or, de galons d'or qui pouvaient être vendus. Le vieillard fait découdre toutes ces broderies, tous ces galons, et les vend. Le soir même, la famille pauvre avait du pain sur la table et du feu dans l'âtre, sans se douter du sacrifice immense auquel elle était redevable du bien-être présent.

Le lendemain, un de ses neveux apprit la vente, et ne put s'empêcher d'exprimer l'étonnement que cet acte lui inspirait. Il avait toujours espéré que son oncle lui aurait légué la relique en question.

Drouot lui répondit :

« Mon neveu, je vous aurais volontiers donné mon ancien uniforme, mais j'aurais craint que vos enfants, en voyant le riche habit de leur oncle, ne fussent tentés d'oublier une chose qu'ils doivent se rappeler toujours : c'est qu'ils sont les petits-fils d'un boulanger. »

Rien, au surplus, ne saurait mieux donner une idée de son inépuisable charité que la liste si longue des fondations qu'il fit et des dons de toute nature qu'il prodigua à sa ville natale :

Fondation pour deux demi-bourses et un quart de bourse à l'école normale primaire de Nancy;

Fondation pour secours aux instituteurs primaires et aux veuves d'instituteurs ;

Fondation pour l'instruction des enfants aveugles et des enfants sourds-muets ;

Fondation pour instruction professionnelle de filles pauvres ;

Fondation pour les salles d'asile de l'enfance, pour le dépôt de mendicité, pour l'admission de jeunes filles dans les asiles ouverts aux filles repentantes, pour les aliénés ;

Fondation pour un lit de vieillard à l'hospice de Saint-Julien, pour un lit d'orphelin à l'hospice Saint-Stanislas, pour un lit d'incurable, fondation d'une place dans une maison d'orphelins, etc.

Comme on le voit, toutes les catégories d'infortunes trouvaient en Drouot un protecteur éclairé et charitable.

Quand Drouot sentit la mort s'approcher de son chevet, il fit appeler le curé de sa paroisse et lui demanda l'absolution de ses fautes. Il reçut enfin le Saint Viatique et attendit que Dieu vînt le délivrer de ses souffrances. Tous ceux qui l'entouraient étaient plongés dans la plus vive douleur, Drouot, au contraire, serrant sur son sein le crucifix qu'il tenait, restait calme, et son visage avait pris une grande expression de béatitude.

A 6 heures du matin, le 24 mars 1847, il rendait le dernier soupir.

CHAPITRE XIII.

Obsèques de Drouot. — Les honneurs rendus à sa mémoire. — Son panégyrique prononcé par le R. P. Lacordaire.

La nouvelle de la mort de Drouot produisit une grande impression de deuil dans toute la ville de Nancy. On n'était plus habitué à le voir se promener, accompagné de son dévoué guide, mais il n'en restait pas moins présent au souvenir de tous les habitants qui s'intéressaient à l'état de sa santé.

Dans son testament, Drouot avait demandé que son enterrement fût aussi simple que l'avaient été les années de son enfance et celles de sa vieillesse, toutes celles, en un mot, qu'il avait passées dans sa ville natale. Il avait même, par humilité chrétienne, refusé les honneurs militaires auxquels il avait droit et prescrit qu'aucun discours ne fût prononcé à ses funérailles.

Il avait compté sans l'affection de ceux qui se glorifiaient de le compter au nombre de leurs compatriotes. L'explosion de cet amour pour le grand, modeste et charitable vieillard, et de cette admiration que sa conduite avait inspirée à tous se manifesta d'une façon remarquable, et, malgré lui, Drouot eut des obsèques magnifiques, telles qu'un contemporain qui avait assisté à la cérémonie funèbre écrivait ensuite :

« La beauté, la pompe, l'air de grandeur de ce cortège spontané, à la fois officiel et populaire, dépassait de beaucoup la nature de ce qu'aurait rendu présumable le nombre des habitants ; et certainement, de toutes les villes de quarante mille âmes, Nancy est la seule au monde où fût possible le spectacle d'un majestueux enterrement. »

Le préfet de la Meurthe, par ordre de Louis-Philippe, sans faire de discours, pour se conformer à la suprême volonté du défunt, prononça cependant au milieu de l'émotion universelle les paroles suivantes :

« Au nom du Roi, au nom de la France, au nom de ce département, de cette ville qui étaient pour vous une patrie dans la patrie, adieu. Vous fûtes hé-

Fig. 42. — Statue élevée au général Drouot, par la ville de Nancy.
Œuvre de David d'Angers.

roïque comme soldat, sublime comme citoyen. Nous vous pleurons, nous ne vous plaindrons pas. Votre vie est irréprochable, vos souffrances viennent de finir et votre immortalité commence. »

C'était bien en effet l'immortalité qui s'ouvrait pour Drouot, et l'annonce de sa mort fit éclater de toutes parts des témoignages de sympathie et d'admiration pour le grand caractère qui venait de disparaître. Beaucoup de ceux qui l'avaient connu, emportés par le tourbillon de la vie, croyaient mort depuis de longues années celui dont on ne parlait plus. Ils se plurent alors à célébrer ses vertus, tant guerrières que morales. Les journaux lui consacrèrent les articles les plus louangeurs. Il n'est pas jusqu'aux journaux étrangers qui parlèrent de lui avec le plus grand respect.

Nous trouvons, en effet, dans le grand journal anglais le *Times*, l'article suivant, daté du 2 avril 1847 :

« Le comte Drouot vient de mourir à Nancy.

« Sous un certain rapport, on peut dire de lui qu'il a été le bras droit de l'empereur, car Napoléon gagnait ses batailles avec sa garde et son artillerie, et Drouot était général d'artillerie de la garde.....

« Il devenait de plus en plus convaincu de l'importance de cette arme, et à tel point qu'en 1813, par suite d'augmentations successives, l'artillerie de la garde seule atteignit le chiffre de 193 canons.

« Telle était cette arme terrible, maniée avec tant de vigueur par Drouot, arme dont les éclairs annonçaient plus infailliblement le sort des empires et la chute des royaumes que ne l'a jamais fait la queue flamboyante d'une comète.

« ... Dans la capacité spéciale de sa sphère d'action, en bravoure, en fermeté, et surtout en cette sainte honnêteté, en fidélité inébranlable, en vertu sans tache, le comte Drouot n'avait pas de supérieurs et fort peu d'égaux parmi cette foule de héros qui avaient élevé l'empereur sur le pavois de la gloire.

« ... Lorsque vint le tour des désastres, lorsque ceux qui devaient leur élévation à la faveur de l'empereur l'abandonnèrent l'un après l'autre, Drouot resta fidèle à son maître; *et si omnes, ego non*. Avec Macdonald, avec Bertrand et Fain, avec Cambronne et Caulaincourt, il se présenta au dernier lever de Fontainebleau, et enfin il suivit son souverain à l'île d'Elbe avec autant de dévouement qu'il avait mis à le suivre à Dresde.

« Nous parcourons une longue liste de noms brillants dans le livre d'or de l'empire avant de rencontrer un autre nom qui mérite, autant que celui du général Drouot, d'être l'orgueil de ses compatriotes et l'objet du respect de l'ennemi. »

Éloge magnifique, honorable pour celui qui le méritait et aussi pour l'ennemi qui savait ainsi saluer le soldat qui l'avait si souvent combattu.

Louis-Philippe voulut donner au général défunt un témoignage de la haute estime en laquelle il l'avait toujours tenu. Il ordonna qu'une statue de Drouot serait placée au musée de Versailles, près de celles de ses anciens compagnons d'armes pendant les grandes guerres de l'empire.

Mais Nancy fut la première à rendre à son enfant un hommage durable, car trois jours après la mort du vieux général, le 27 mars, le Conseil municipal prenait cette décision :

« 1° Il sera élevé dans la ville de Nancy une statue à la mémoire du général Drouot;

« 2° A cet effet, il sera ouvert une souscription à laquelle l'armée, la France entière seront appelées à concourir;

« 3° La ville de Nancy souscrit pour une somme de six mille francs, en regrettant que l'état de ses finances ne lui permette pas de consacrer une somme plus importante à cette pieuse destination. »

Tous ces hommages s'adressaient aux vertus civiques, aux hautes qualités guerrières du défunt. C'est le révérend père Lacordaire qui était destiné à célébrer les vertus chrétiennes du profond et admirable chrétien qu'était Drouot. C'est donc par des extraits du splendide panégyrique que le célèbre orateur de la chaire prononça dans la cathédrale de Nancy, que nous terminerons le récit que nous avons entrepris de faire de la vie du héros. La cérémonie eut lieu le 25 mai 1847, et il serait impossible de décrire l'émotion avec laquelle les Nancéens entendirent retracer, par la voix vibrante du dominicain, les vertus dont il leur avait été donné d'être les témoins, et qui leur restaient comme exemples.

« Rien n'est plus difficile, même aux hommes supérieurs, que de supporter le repos. Quand l'âme et le corps se sont habitués au travail solennel des grands événements, ils ne peuvent plus souffrir la simple et pacifique succession des jours. Cette paix froide leur est un tombeau. Ils regrettent le bruit, l'agitation, les alternatives des revers avec les succès, et toute cette tragédie des choses humaines où ils avaient naguère leur part et leur action. L'histoire ne compte qu'un très petit nombre d'hommes qui aient passé de la vie publique à la vie privée en conservant avec la tranquille possession d'eux-mêmes, la plénitude de leur grandeur. La plupart se consument dans un ennui vulgaire; d'autres demandent aux passions des sens l'oubli d'eux-mêmes et de leur dignité; les plus élevés succombent au poison mystérieux du chagrin. A regarder les vicissitudes qui avaient enlevé le jeune Drouot de la boutique de son père, pour le porter au pied d'un trône et aux côtés d'un conquérant, il semble que nul plus

Fig. 43. Le R. P. Lacordaire prononça le panégyrique du général Drouot.

que lui n'aurait dû éprouver, dans l'affaissement subit de sa destinée, le désespoir des souvenirs et l'impuissance de vivre avec foi. Qui avait vu davantage et plus vite? Qui avait passé en moins de temps par plus de contrastes et d'émotions? Il est vrai; mais cette âme était plus grande encore que les événements dont la Providence lui avait donné le spectacle; elle revenait, fortifiée, et non pas abattue, donner elle-même au monde un spectacle capable de l'instruire et de le consoler... »

« Le général Drouot avait appris dans les laborieuses études de sa jeunesse cet amour antique des lettres humaines. Un chef-d'œuvre était pour lui un être vivant avec lequel il conversait, un ami du soir qu'on admet aux plus familiers épanchements. Penser en lisant un vrai livre, le prendre, le poser sur la table, s'enivrer de son parfum, en aspirer la substance, c'était pour lui, comme pour toutes les âmes initiées aux jouissances de cet ordre, une naïve et pure volupté. Le temps coule dans ces charmants entretiens de la pensée avec une pensée supérieure; les larmes viennent aux yeux; on remercie Dieu, qui a été assez puissant et assez bon pour donner aux rapides effusions de l'esprit la durée de l'airain et la vie de la vérité. Ne vous demandez plus ce qui animait la solitude du vétéran de la grande armée et lui enlevait les heures que le cours de son âge lui apportait. Pendant que nous vivions dans le présent, il vivait dans tous les siècles; tandis que nous vivions dans la région des intérêts, il vivait dans la sphère du beau. » Et dans une admirable péroraison le R. P. Lacordaire s'écrie :

« Vieille terre de France et de Lorraine, conservez-en avec respect tout ce que l'éternité n'a pu vous ravir encore de l'homme que vous regrettez, jusqu'au jour où votre poudre, sanctifiée par la sienne entendra la voix de Dieu, et où le général Drouot nous apparaîtra tel que nous le connûmes, soldat sans tache, capitaine habile et intrépide, ami fidèle de son prince, serviteur ardent et désintéressé de la patrie, solitaire stoïque, chrétien sincère, humble, chaste, aimant les pauvres jusqu'à se faire pauvre lui-même; l'homme enfin le plus rare, sinon le plus accompli, que le dix-neuvième siècle ait présenté au monde dans la première moitié de son âge et de sa vocation. »

FIN.

TABLE DES MATIÈRES.

Pages.

Chapitre premier. — Naissance de Drouot. — Ses premières années. — Son précoce amour pour l'étude. — Ses veillées. — Son goût pour les lectures historiques. — Sa première communion... 9

Chapitre II. — A 17 ans, Drouot veut entrer à la Chartreuse. — Combats intérieurs. — Il se décide pour l'état militaire. — 1793. — Ses études acharnées. — Il subit l'examen d'élève sous-lieutenant. — Laplace le félicite. — Son premier triomphe... 31

Chapitre III. — Drouot à l'armée du Nord. — Siège de Dunkerque. — Hondschoote. — Passage de la Sambre. — Bataille de Fleurus. — La vie de Drouot au camp. — Ses livres de choix. — Directeur de l'artillerie à Bayonne, il est victime d'un grand accident. — Drouot en Italie. — La Trebbia. — Hohenlinden. — Campagne des Antilles. — Mort du père de Drouot........ 49

Chapitre IV. — Drouot, directeur de la manufacture d'armes de Maubeuge. — Ses tribulations. — Il est envoyé à Charleroi. — Drouot en Espagne. — Bataille de Wagram. — Il est nommé baron de l'Empire... 73

Chapitre V. — Guerre de Russie. — Retraite. — Énergie de Drouot. — Passage de la Bérésina. — Élévation successive de Drouot... 93

Chapitre VI. — Les adieux de Fontainebleau. — Lettre de Drouot au ministre de la guerre. — Drouot, gouverneur de l'île d'Elbe. — Sa vie à l'île. — Retour en France. — Drouot nommé pair de France... 113

TABLE DES MATIÈRES.

Pages.

Chapitre VII. — Bataille de Waterloo. — Discours de Drouot à la Chambre des Pairs.. 133

Chapitre VIII. — Drouot chargé par le Gouvernement provisoire du commandement de la garde. — Il apprend qu'il va être mis en état d'arrestation. — Il va se livrer à la prison de l'Abbaye. — Sa détention préventive. — Il paraît devant le conseil de guerre. — Son interrogatoire............................... 157

Chapitre IX. — Fin du procès du général Drouot. — Son plaidoyer. — Il est acquitté. — Le roi le fait appeler aux Tuileries. 177

Chapitre X. — Drouot à Nancy. — Son désir d'aller rejoindre Napoléon. — Son désintéressement. — Ses travaux sur les fortifications. — Legs de Napoléon à Drouot. — Il refuse la députation. — Lettre de Drouot sur les devoirs du député......... 193

Chapitre XI. — Drouot nommé au commandement de deux divisions. — Il accepte d'être lieutenant de la garde nationale de Nancy. — Drouot, grand'croix de la légion d'honneur et pair de France. — Il devient aveugle. — Dévouement de Mme Lacretelle. — Lettre d'un de ses anciens canonniers. — La question des fortifications de Paris............................... 213

Chapitre XII. — Rapport du général Drouot sur les fortifications de Paris. — Charité inépuisable du vieillard. — Sa mort. 227

Chapitre XIII. — Obsèques de Drouot. — Les honneurs rendus à sa mémoire. — Son panégyrique prononcé par le R. P. Lacordaire.. 243

www.ingramcontent.com/pod-product-compliance
Lightning Source LLC
Chambersburg PA
CBHW050341170426
43200CB00009BA/1678